कबीर दोहावली

इस श्रृंखला की पुस्तकें

कबीर दोहावली

सं. नीलोत्पल

ग्रंथ अकादमी, नई दिल्ली

प्रकाशक : **ग्रंथ अकादमी**

भवन संख्या–19, पहली मंजिल, 2, अंसारी रोड, दरियागंज, नई दिल्ली–110002

 / संस्करण : 2026 / मूल्य : चार सौ रुपए

मुद्रक : नरुला प्रिंटर्स, दिल्ली ISBN 978-93-81063-13-2

KABEER DOHAWALI

Ed. by Neelotpal ₹400.00

Published by **GRANTH AKADEMI**

Building No. 19, First Floor, 2, Ansari Road, Daryaganj, New Delhi-110002

अपनी बात

सामान्य तरीके से जन्म लेकर और एक अति सामान्य परिवार में पलकर कैसे महानता के शीर्ष को छुआ जा सकता है, यह महात्मा कबीर के आचार, व्यवहार, व्यक्तित्व और कृतित्व से सीखा जा सकता है। सन् 1398 में जनमे कबीर ने तत्कालीन समाज में व्याप्त कुरीतियों, धार्मिक भेदभावों, असमानता एवं जातिवाद आदि विकारों को दूर करने का भरसक प्रयास किया और इसमें उन्हें आंशिक सफलता भी मिली। तभी तो अपना परिचय वे सार्वभौमिक रूप में देते हुए कहते हैं—

जाति हमारी आत्मा, प्राण हमारा नाम।
अलख हमारा इष्ट, गगन हमारा ग्राम॥

इस प्रकार, अपने दोहों के माध्यम से उन्होंने समाज के बीच आपसी सौहार्द और विश्वास बढ़ाने का काम किया। कबीर ने कोई पंथ नहीं चलाया, कोई मार्ग नहीं बनाया; बस लोगों से इतना कहा कि वे अपने विवेक से अपने अंतर्मन में झाँकें और अपने अंतर के जीवात्मा को पहचानकर सबके साथ बराबर का व्यवहार करें; क्योंकि हर प्राणी के अंदर जीवात्मा के स्तर पर कोई भेदभाव नहीं होता। सबका जीवात्मा एक समान है, फिर सामाजिक स्तर पर आपसी भेदभाव क्यों हो ?

कबीर मूर्ति या पत्थर को पूजने की अपेक्षा अंतर में बसे प्रभु की भक्ति करने पर बल देते थे। उन्होंने मानसिक पूजा, सत्यनिष्ठता, निर्मल मन, प्रेमी व्यक्तित्व, सदाचार, नैतिकता, सरलता, मूल्यवादी जीवन-दर्शन, समता-मूलक समाज, धार्मिक सहिष्णुता व उदारता तथा मानवीय जीवन-दृष्टि का संदेश दिया। उनकी अहिंसक प्रवृत्ति के कारण ही उनके मुसलिम माता-पिता को मांस

आदि खाना छोड़ना पड़ा था।

कबीर ने सदैव निष्पक्ष होकर सत्य–पथ का अनुगमन किया और शाश्वत मानव–मूल्यों पर जोर दिया। उन्होंने चमत्कारों, अंधविश्वास, पाखंड और अवैज्ञानिक अवधारणाओं का कभी समर्थन नहीं किया। उन्होंने कर्म–कर्तव्य की सदा पूजा की और अंत तक एक कामगार का जीवन जीया।

14वीं सदी में कबीर दलितों के सबसे बड़े मसीहा बनकर उभरे और उच्च वर्गों के शोषण के विरुद्ध उन्हें जागरूक करते रहे। वे निरंतर घूम–घूमकर जन–जागरण चलाते और लोगों में क्रांति फैलाते रहते थे। अपने काव्य के माध्यम से वे लोगों को सचेत भी करते रहते थे, यथा–

कबीर वा दिन याद कर, पग ऊपर तल सीस।
मृत मंडल में आयके, बिसरि गया जगदीश॥

और

कबीर सोई पीर है, जो जाने पर पीर।
जो पर पीर न जाने, सो काफिर बेपीर॥

कबीर के जन्म और जाति के संबंध में विद्वानों में अनेक मतभेद हो सकते हैं, लेकिन सभी एकमत से उन्हें बड़ा समाज–सुधारक और महात्मा मानते हैं। 'रमैनी', 'सबद' और 'साखी' में उन्होंने अंधविश्वास, वेदांत तत्त्व, धार्मिक पाखंड, मिथ्याचार, संसार की क्षणभंगुरता, हृदय की शुद्धि, माया, छुआछूत आदि अनेक प्रसंगों पर बड़ी मार्मिक उक्तियाँ की हैं। उनकी भाषा देशज और ठेठ होने पर भी बहुत प्रभावी और स्पष्टवादितापूर्ण है। शांतिमय जीवन के समर्थक कबीर अहिंसा, सत्य, सदाचार, दया, करुणा, प्रेम आदि सद्‌गुणों के उपासक थे। वे सांप्रदायिक एकता के स्थापक, जनता के गुरु, मार्गदर्शक, साथी और मित्र थे।

महात्मा गांधी भी कबीर के बड़े प्रशंसक थे। उन्होंने भी दलितों की सेवा, अहिंसा, सत्य, सदाचार, दया, करुणा आदि सद्‌गुण उन्हीं के चरित्र से ग्रहण किए।

महात्मा कबीर आज हमारे बीच नहीं हैं, लेकिन अपनी कालजयी वाणी में वे युगों–युगों तक हमारे सामने परिलक्षित होते रहेंगे। उनकी वाणी का अनुसरण करके हम अपना वर्तमान ही नहीं, भविष्य और मृत्यु बाद के काल को भी सँवार सकते हैं।

इस पुस्तक में, वर्तमान प्रासंगिकता को ध्यान में रखकर ही, संत कबीर की जीवनी और काव्य-रचना के विभिन्न पहलुओं को प्रस्तुत किया गया है, जिससे कि पाठकों को कबीर को समझने और उनके दरशाए मार्ग पर चलने की प्रेरणा मिल सके।

विषय-सूची

1

जन्म और नामकरण

पृथ्वी पर जब-जब धर्म की हानि होती है, तब-तब उसके उत्थान के लिए किसी संत-महात्मा या महापुरुष का अवतरण होता है। सतयुग से आज कलियुग तक यह सतत होता आया है।

तेरहवीं सदी का आखिरी दशक चल रहा था। यह ऐसा दौर था, जब मुसलिम शासकों का धार्मिक-दमनात्मक रवैया अपने उत्कर्ष पर था। हिंदू धर्म भी कुछ कतिपय विद्वानों और कुलीन व्यक्तियों की निजी जागीर बन गया था—ऐसे समय में किसी संत-महात्मा के अवतरण की जरूरत शिद्दत से महसूस की जा रही थी, जो तत्कालीन समाज को धार्मिक विसंगतियों और रूढ़ियों से मुक्ति दिला सकता हो। प्रकृति ने इस आवश्यकता को समझा और सन् 1398, तदनुसार संवत् 1455 विक्रमी ज्येष्ठ सुदी पूर्णिमा सोमवार के दिन संत कबीर के रूप में एक मसीहा को धरती पर उतारा, जिसने अपनी स्वतंत्र धार्मिक विचारधारा से हिंदू-मुसलिम सहित सभी धर्मों की एकता को बढ़ावा दिया और समाज के बीच गहरी होती खाई को पाटने का कार्य किया।

संत कबीर के जन्म के बारे में एक दोहा प्रसिद्ध है—

चौदह सौ पचपन गयै, चंद्रवार एक ठाट ठये।
जेठ सुदी बरसायत को, पूरनमासी प्रकट भये॥

कबीर के जन्म की कई किंवदंतियाँ प्रचलित हैं। एक मत के अनुसार, स्वामी रामानंदजी ने भूलवश एक विधवा ब्राह्मणी को पुत्रवती होने का आशीर्वाद दे दिया था। उसी पुत्र को वह ब्राह्मणी लोक-लाज के भय से बनारस के

लहरतारा ताल की सीढ़ियों पर छोड़कर भाग गई थी। उसी समय नीरू नामक एक जुलाहा ताल पर नहाने आया और नवजात शिशु को पड़ा देखकर उसे अपने घर ले गया और अपनी पत्नी नीमा को दे दिया। बाद में यही दंपती बालक संत कबीर के पालक माता-पिता बने। एक अन्य किंवदंती के अनुसार, नवविवाहित नीरू जुलाहा ससुराल से अपनी पत्नी को लेकर लौट रहा था। मार्ग में उसकी पत्नी नीमा को प्यास लगी। दोनों प्यास बुझाने के लिए लहरतारा ताल पर गए। वहाँ उन्होंने देखा कि कमल के फूलों पर एक सुंदर शिशु खेल रहा था। नीमा ने उसे झट से गोद में उठा लिया, लेकिन नीरू उसे देखकर खुश नहीं था। नीमा उसे पालना चाहती थी, लेकिन नीरू समाज से डर रहा था। कहते हैं कि उसकी दुविधा को भाँपकर तब बालक कबीर स्वयं बोल पड़े थे—

तब साहब हूँ कारिया, ले चल अपने धाम।
युक्ति संदेश सुनाई हौं, मैं आयो यही काम॥
पूरब जनम तुम ब्राह्मण, सुरति बिसति मौहि।
पिछली प्रीति के कारने, दरसन दीनो तोहि॥

अर्थात् तुमसे प्रेम के कारण मैंने इस जन्म में तुम्हें दर्शन दिए हैं। मुझे अपने घर ले चलो, मैं तुम्हें जीवन-मृत्यु के चक्र से मुक्त करके मोक्ष दिलवाऊँगा।

यह वचन सुनकर नीरू आश्वस्त हो गया और कबीर को घर ले आया।

कुछ लोग कहते हैं कि नीरू और नीमा ही कबीर के असली जन्मदाता थे। कुछ लोग उन्हें विष्णु-भक्त प्रह्लाद का नया अवतरण कहा करते थे।

कुछ लोग कहते थे कि एक दिव्य ज्योति लहरतारा ताल में समाई जिससे पूरा ब्रह्मांड प्रकाशित हो गया। बाद में वही ज्योति एक शिशु में बदल गई, जिसे नीरू और नीमा ने कबीर रूप में पाला।

नामकरण

नीरू और नीमा शिशु को लेकर घर लौटे तो आस-पड़ोस के लोग एकत्र होकर तरह-तरह की बातें करने लगे। कुछ लोग हँसी उड़ाने लगे, ''नीरू तो बीवी के साथ-साथ ससुराल से बच्चा भी ले आया।''

इन सबसे बेखबर नीरू शिशु के नामकरण के लिए ब्राह्मण के घर गया। ब्राह्मण पोथी-पत्रा पलटने लगा तो शिशु ने शांत स्वर में कहा, ''तुम मेरा नाम

रखने की चिंता मत करो ब्राह्मण, लोग मुझे 'कबीर' के नाम से जानेंगे।''

जब लोगों को इस घटना का पता चला तो उन्होंने दाँतों तले उँगली दबा ली। तरह-तरह की चर्चा होने लगी। कोई शिशु को विष्णु का अवतार, कोई कुबेर का अवतार तो कोई जगत् ईश्वर कह रहा था।

शिशु ने अपना नाम स्वयं ही बता दिया था, लेकिन नीरू अभी भी पारंपरिक रूप से उसका नामकरण करवाने की उधेड़-बुन में डूबा था; फलतः उसने बनारस के ही एक काजी की शरण ली। काजी ने 'कुरान' और दूसरी धार्मिक पुस्तकें पलटीं तो उनमें चार नाम मिले—कबीर, किबरा, किबरिया और अकबर। और फिर पूरी 'कुरान' इन्हीं चार अक्षरों से भर गई। हर पृष्ठ पर यही चार नाम नजर आ रहे थे। विस्मय से ओत-प्रोत उसने अन्य काजियों से सलाह-मशवरा किया तो उन्हें भी कुरान में चार अक्षर नजर आए। वे नहीं चाहते थे कि वह शिशु इनमें से किसी नाम से जाना जाए, क्योंकि ये चारों खुदा के नाम थे। अतः उन्होंने नीमा को सलाह दी कि वह शिशु उसके लिए शुभ नहीं है, उसे खत्म कर दो। नीरू ने आँख मूँदकर काजियों की बात मान ली, लेकिन छुरे से बार-बार गला काटने पर भी जब छुरा आर-पार निकलता रहा और शिशु का कुछ न बिगड़ा तो सब भयभीत हो उठे। तब शिशु कबीर शांत स्वर बोले, ''हे पालनहार! मेरा कोई आकार नहीं है। जिसे तुम मेरा शरीर मान रहे हो, यह तुम्हारी भावना मात्र है। मैं न कभी जन्म लेता हूँ, न मरता हूँ; न मैं किसी को मारता हूँ, न कोई मुझे मार सकता है। मैं स्वतः ही रूप धारण करता हूँ, इसलिए कोई मेरे माता-पिता नहीं हो सकते।''

यह सुनकर पूरे काशी में शोर मच गया। शिशु के दर्शन पाने के लिए लोगों की कतारें लग गईं। थककर काजियों ने भी उसका कबीर नामकरण कर दिया।

धीरे-धीरे मुसलिम नीरू और नीमा ने कबीर को प्रेमपूर्वक अपना लिया, लेकिन एक चिंता अभी भी उन्हें खाए जा रही थी। शिशु कबीर अपने पालक माता-पिता के घर कुछ खाते-पीते नहीं थे, लेकिन आश्चर्य की बात थी कि वे भले-चंगे और स्वस्थ थे। लेकिन माता-पिता का मन नहीं मानता था। वे चाहते थे कि उसका दिव्य बच्चा उनके हाथों कुछ खाए-पिए। उन्होंने लोगों से चर्चा की। जितने मुँह उतने सुझाव। सभी सुझाव व उपाय आजमाए गए, लेकिन नतीजा सिफर रहा। अंत में नीरू ने अपनी फरियाद स्वामी रामानंदजी तक

पहुँचाई। उन्होंने ध्यान लगाकर कहा कि एक कुमारी बछिया को कबीर के सामने ले जाओ, इससे उसके थनों में दूध उतर आएगा। वह दूध शिशु पी लेगा। नीरू ने ऐसा ही किया। बछिया ज्यों ही शिशु कबीर के सामने लाई गई, उसके थनों से दूध झरने लगा। वह दूध कबीर ने पी लिया। इसके बाद वे उस घर में रहकर दूध पीने लगे। वही उनकी खुराक बनी।

□

2

बाल लीलाएँ

सुन्नत न हो सकी

कबीर जब कुछ बड़े हुए तो मुसलमानी परंपरा के अनुसार उनके खतने (मुसलमानी या सुन्नत) की रस्म करवाई जा रही थी। इस अवसर पर नाते-रिश्तेदार, पास-पड़ोसी आदि नीरू के घर एकत्र थे। निश्चित मुहूर्त पर काजी ने सुन्नत का हुक्म दिया। नाई ने अपने उस्तरे की धार पैनी की और जा पहुँचा कबीर के पास। कबीर उसे देखकर मुसकराए और उसे पाँच लिंग दिखलाते हुए बोले कि इनमें से किसी का भी खतना कर दो। नाई इस स्थिति के लिए कतई तैयार नहीं था। वह सिर पर पैर रखकर भाग लिया। और इस प्रकार कबीर की सुन्नत कभी नहीं हो सकी।

जलन का उपचार

कबीर के चमत्कारों की चर्चा दूर-दूर तक फैल गई थी। इन्हीं से प्रभावित होकर एक बूढ़ी स्त्री उन्हें देखने आई। उसके शरीर में जलन मचती रहती थी। बहुत से उपचार, मरहम, झाड़-फूँक आदि से भी जलन दूर नहीं हुई थी। वह इस आशा से आई थी कि शायद बालक कबीर कोई चमत्कार कर दे। बुढ़िया जब कबीर के घर पहुँची तो वे घर के बाहर धूल-मिट्टी में खेल रहे थे। बुढ़िया ने उन्हें अपनी शारीरिक समस्या बताई तो कबीर ने एक चुटकी मिट्टी लेकर उसके शरीर पर डाल दी। और सचमुच चमत्कार हो गया। उसकी जलन फौरन खत्म हो गई और वह उन्हें ढेरों आशीर्वाद देती हुई खुशी-खुशी अपने घर लौट गई।

मांस-मछली से नफरत

कबीर को मांसाहार जरा भी पसंद नहीं था। उनकी पसंद को ध्यान में रखकर खुद नीरू और नीमा ने भी घर में मांस लाना और खाना बंद कर दिया था। लेकिन आस-पड़ोस के उसके मुसलमान जाति-भाइयों को यह सब बहुत बुरा लगता था। मांस को वे अपना प्रिय भोजन मानते थे और नीरू ने उसका परित्याग कर दिया था। इसलिए उन्होंने उसके एक रिश्तेदार को उसके घर मेहमान बनाकर भेजा। वह मेहमान मांस खाने की जिद करने लगा। नीरू और नीमा की बहुत विनय-सत्कार के बाद भी उसने अपनी जिद नहीं छोड़ी। तब सामाजिक बंधनों को ध्यान में रखते हुए नीरू को घर में मांस मँगवाना पड़ा।

इधर कबीर अपने साथियों के साथ खेलने गए हुए थे। शाम को सारे बच्चे अपने-अपने घर लौट आए, लेकिन कबीर नहीं लौटे। नीरू और नीमा काफी देर तक इंतजार करते रहे, फिर उनके साथियों से पूछताछ की। कोई कबीर के बारे में नहीं बता सका। वह रात दोनों ने करवटें बदलकर गुजारी। रात को कुछ खाया-पिया भी नहीं। सुबह मुँह-अँधेरे ही नीरू घर से निकल पड़ा। दिन भर वह गली-गली कबीर को ढूँढ़ता रहा, पागलों की तरह हर आते-जाते से उनके बारे में पूछता रहा; लेकिन वे नहीं मिले। वह जानता था कि नीमा उनके बगैर जिंदा नहीं रहेगी, अतः उसने भी जान देने का फैसला कर लिया और गंगा में कूद पड़ा। वह डूबने-उतराने लगा, तभी किसी ने उसका हाथ पकड़कर उसे बाहर निकाल लिया। उसने देखा तो उसे अपनी आँखों पर भरोसा नहीं हुआ—सामने कबीर खड़े थे। उसने हाथ खोलकर उन्हें बाँहों में लेने की कोशिश की, लेकिन वे दूर हटकर बोले, ''मुझे मत छूना। घर में मांस लाकर तुम अपवित्र हो गए हो।''

उनके घर से जाने का कारण जानकर नीरू बहुत दुखी हुआ और बोला, ''अब से ऐसी भूल नहीं होगी, घर चलो। तुम्हारी माँ तुम्हारे वियोग में शरीर त्याग देगी।''

कबीर बोले, ''पहले जाकर घर-आँगन लीपो-पोतो, बरतन-भाँड़े माँजो-धोओ और घर की अपवित्रता दूर करो, तभी मैं घर आऊँगा।''

नीरू घर पहुँचा और पति-पत्नी दोनों ने मिलकर घर की साफ-सफाई की। उसके बाद ही कबीर ने उनके घर में कदम रखा।

गाय को पुनर्जीवन

एक बार की बात है, एक मुसलमानी जलसे में गाय की कुर्बानी दी जा रही थी। कुछ दूरी पर कबीर अपने साथियों के साथ खेल रहे थे। उड़ते-उड़ते यह खबर उन तक भी पहुँची। वे बहुत व्यथित हुए और दौड़े-दौड़े कुर्बानी स्थल पर पहुँचे। लेकिन उनके पहुँचने तक देर हो चुकी थी। गाय को कुर्बान किया जा चुका था। उन्होंने उपस्थित जन-समुदाय को इसके विरुद्ध उपदेश दिया और काजी को इस कुकृत्य के लिए अपराधी ठहराया। उनके उपदेश से काजी को भी अपराध-बोध हुआ। तब कबीर ने हौले से गाय पर हाथ फेरा तो वह पुनर्जीवित हो गई। इसके बाद कबीर वहाँ से अदृश्य हो गए।

काजी को उपदेश

इस घटना के बाद कबीर की शोहरत और बढ़ गई। लेकिन नीरू के पड़ोसियों को यह सब फूटी आँख नहीं सुहाता था। वे जुगत लगाते रहते थे कि कैसे कबीर को मुसलमान बनाएँ। अगर मुसलमान नहीं बने तो उसे नीरू के घर से निकलवा दें। उन्हें मालूम था कि अगर इस बार नीरू घर पर मांस लाया तो कबीर हमेशा के लिए उसका घर छोड़ देंगे। इसलिए उन्होंने बहुतेरी कोशिश की, नीरू को तरह-तरह से उकसाया, लेकिन वह मांस लाने को राजी नहीं हुआ। तब उन्होंने चाल चली और उसके घर के पास ही एक गाय की कुर्बानी देकर प्रचारित करवा दिया कि नीरू ने उसे कुर्बान करवाया है; लेकिन अंतर्यामी कबीर सब भाँप गए। इस अवसर पर नीरू के घर काजी व आस-पास के बहुत से लोगों का जमावड़ा था। मौके का फायदा उठाकर काजी ने कबीर को रस्सी से बँधवा दिया और जबरदस्ती उनकी सुन्नत करवाने को उतारू हो गए। लेकिन इसके लिए नाई ढूँढ़े से भी नहीं मिला। वह तो पिछली घटना को याद करके पहले ही भागकर कहीं जा छुपा था।

इस अवसर पर काजी को उपदेश देते हुए कबीर बोले, ''हे काजी! तुम जिसका दूध पीते हो, जिसे माँ कहते हैं, उसी पर छुरी चलाते हो। कौन सा धर्म ऐसा करने को कहता है? तुम्हारे ये कर्म नरक में ले जानेवाले हैं, इसलिए इन निरीह जीवों को मारना छोड़ो। तुम्हें खुद मुसलमानी का पता नहीं है और मुझे सिखा रहे हो।''

इतना कहकर कबीर उठ खड़े हुए। उनके शरीर पर लिपटी रस्सी टुकड़े-

टुकड़े होकर गिर गई। फिर उन्होंने अपने स्पर्श से गाय को पुनर्जीवित किया और वहाँ से अदृश्य हो गए। नीरू और नीमा ने उन्हें खूब ढूँढ़ा, लेकिन वे कहीं नहीं मिले। कबीर के गम में वे विक्षिप्तों जैसे हो गए। तब एक दिन बनारस के बाहर उन्होंने नीरू और नीमा को दर्शन दिए। कुछ भक्तों ने उसी स्थान पर एक कुटिया का निर्माण कर दिया तो कबीर उसी में रहने लगे। बाद में नीरू और नीमा भी वहीं जाकर रहने लगे।

भगवान् किसके ?

बच्चों के साथ खेलते समय कबीर अकसर हरि-हरि, राम-राम, गोविंद-गोविंद आदि बोलते रहते थे। यह सुनकर मुसलमान बहुत कुढ़ते थे। एक दिन कबीर ने माथे पर तिलक लगा किया और गले में जनेऊ पहन ली तो कुछ ब्राह्मणों की भृकुटियों पर बल पड़ गए। वे बोले, "तुम अभी तक राम-राम कहते थे, अब हमारा धर्म भी अपना लिया। तुम तो मुसलमान हो।"

यह सुनकर कबीर बोले, "राम, हरि और गोविंद तो मेरे हृदय में बसते हैं, उनके सिवा मुझे और किसी की जरूरत नहीं पड़ती; लेकिन तुम वेद, पुराण और गीता पढ़कर भी धन के लिए द्वारे-द्वारे भागते फिरते हो—फिर वे भगवान् तुम्हारे कैसे हुए?"

गुरु और गुरु मंत्र

कबीर स्वामी रामानंदजी को अपना गुरु बनाना चाहते थे। पाँच वर्ष की आयु होने पर वे स्वामीजी के पास गए और उन्हें अपने शिष्यत्व में लेने की प्रार्थना की लेकिन स्वामीजी ने उनसे मिलने तक से इनकार कर दिया। लेकिन कबीर हताश नहीं हुए।

स्वामीजी रोज ब्राह्म मुहूर्त में गंगा-स्नान के लिए जाते थे। एक दिन वे जैसे ही स्नान के लिए घाट की सीढ़ियाँ उतरने लगे, कबीर नन्हे शिशु बनकर उनके मार्ग में लेट गए और अनजाने ही स्वामीजी का पाँव उनसे टकरा गया। वे 'राम-राम' करते हुए फुरती से नीचे झुके और शिशु के माथे पर हाथ फेरा। उसी 'राम-राम' को कबीर ने गुरु मंत्र मान लिया और उसका जाप करने लगे। कबीर ने इसे अपने शब्दों में इस प्रकार कहा है—

हम कासी में प्रकट भये हैं, रामानंद चेताए।

फिर कुछ दिनों बाद कबीर की गुरु-भक्ति और लगन से प्रभावित होकर और अपने प्रमुख शिष्य अनंतानंद के कहने पर स्वामी रामानंदजी ने उन्हें अपना शिष्य बना लिया। कबीर के समर्पण और निष्ठा ने जल्दी ही सभी शिष्यों सहित स्वामीजी का दिल जीत लिया। स्वामीजी के लगभग डेढ़ हजार समर्पित शिष्यों में कबीर सर्व-प्रमुख बन गए। स्वामीजी के अलावा वे जब-तब अन्य हिंदू संत-महात्माओं और मुसलिम पीर-फकीरों से विचार-विनिमय करते रहते थे और हर धर्म की अच्छी बातों को ग्रहण करते रहते थे।

कबीर ने गुरु को हमेशा भगवान् से ऊँचा दर्जा दिया। तभी तो वे कहते थे—

गुरु गोविंद दोऊ खड़े, काके लागूँ पाँय।
बलिहारी गुरु आपने, गोविंद दियो बताय।।

इच्छाओं और आसक्तियों को वे सभी कष्टों को जड़ मानते थे और लोगों को गुरुभक्ति व भगवद्-भजन का उपदेश देते हुए कहते थे—

चाह मिटी, चिंता मिटी, मनवा बेपरवाह।
जिसको कुछ नहीं चाहिए, वही शाहनशाह॥

□

3

वैवाहिक जीवन

कबीर के विवाह के बारे में मतभेद कायम हैं। कुछ लोग उन्हें अविवाहित मानते हैं तो कुछ विवाहित। लेकिन उनके काव्य से ज्ञात होता है कि विवाहित थे। कहते हैं कि उनकी पत्नी का नाम 'लोई' था, जिनसे उन्हें कमाल का नाम का एक पुत्र और कमली नाम की एक कन्या हुई।

घर में हर समय साधु-संतों का डेरा रहने से कमाल और लोई परेशान रहते थे। कमाल को भी पिता का यह व्यवहार अच्छा नहीं लगता था। वह उनका विरोधी बन गया था। शायद तभी कबीर ने कहा था—

बूड़ा बंस कबीर का, उपजा पूत कमाल।
हरि का सिमरन छोड़ि के, घर ले आया माल॥

पत्नी लोई जब विरोध करती थी तो कबीर उसे समझाते हुए कहते थे—

कहत कबीर सुनहु रे लोई।
हरि बिन राखन हार न कोई॥

दूसरी ओर, कबीर-पंथ में कबीर को बाल-ब्रह्मचारी कहा गया है और कमाल, कमली तथा लोई को उनका शिष्य बताया गया है। परंतु एक जगह उन्होंने कहा है—

नारी तो हम भी करी, पाया नहीं विचार।
जब जानी तब परिहरि, नारी महाविकार॥

इन पंक्तियों में कबीर ने स्वयं विवाहित होने की स्वीकारोक्ति की है, अतः कोई संशय नहीं बचता कि वे अविवाहित थे। हाँ, यह जरूर था कि वे इस विवाह से नाखुश थे।

□

4

शिक्षा और उपदेश

कबीर ने औपचारिक शिक्षा बिलकुल ग्रहण नहीं की। वे निरक्षर थे, लेकिन अपने मौखिक उपदेशों से ही उन्होंने चारों युगों की बातें लोगों को बता दीं। वे स्वयं इस बात की घोषणा करते हुए कहते हैं—

मसि कागद छुयौ नहीं, कलम गह्यौ नहीं हाथ।
चारिक जुग को महातम, मुखहिं जनाई बात॥

अपनी सधुक्कड़ी भाषा में उन्होंने हिंदू-मुसलिम समाज में व्याप्त रूढ़ियों पर खरा-खरा कहा और कट्टर धर्मांधता का खुला व मुखर विरोध किया। उन्होंने मौखिक रूप से जो भी कहा, उसे बाद में उनके शिष्यों ने कलमबंद किया। कबीर-वाणी, 'बीजक' के नाम से संगृहीत है, जिसमें साखी, पद, रमैनी, चौंतीसा, सबद आदि मिलते हैं। कुछ विद्वान् उनके ग्रंथों की संख्या 71 बताते हैं, कुछ 84 के लगभग।

गुरु नानक और बाद के सिख गुरुओं द्वारा सृजित 'गुरु ग्रंथ साहिब' में कबीर के 227 पद और 237 साखियाँ (श्लोक) हैं।

कबीर की दृष्टि में राम और रहीम एक थे। अलग-अलग लोग अलग-अलग तरह से उस एक ही ईश्वर का नाम लेते हैं। धर्म के आधार पर लोगों को बाँटने का वे विरोध करते थे। मूर्ति-पूजा का भी वे कड़ा विरोध करते हुए कहते थे—

पाहन पूजे हरि मिलैं तो मैं पूजौं पहार।
ता ते तो चाकी भली, पीस खाय संसार॥

वे लोगों को अहिंसा, सत्य, सदाचार और सरलता की शिक्षा देते थे। मध्यकाल में जब जन-सामान्य कुलीन लोगों और आततायी शासकों के जुल्मों तले सिसक रहा था, ऐसे दौर में कबीर ने अपने उपदेशों की अमृत-वर्षा से लोगों को अपनी ओर आकृष्ट किया और उनके जख्मों पर शब्दों का मरहम लगाया। संसार-चक्र में लोग कोल्हू के बैल की तरह पीसे जा रहे थे तब कबीर का हृदय रो उठा—

चलती चक्की देख के दिया कबीरा रोय।
दो पाटन के बीच में साबुत बचा न कोय॥

उन्होंने हिंदू-मुसलिम के भेदभाव को दूर करने के लिए निर्गुण भक्ति-पंथ प्रचलित किया, जहाँ ऊँच-नीच, स्त्री-पुरुष, जाति-पाँति, अमीर-गरीब आदि का भेदभाव नहीं था। वे मानवतावादी थे। उनका कहना था कि चित्त को शांत रखकर ईश्वर की भक्ति से सभी कष्टों से छुटकारा पाया जा सकता है। जैसे गर्भकाल में नौ महीने तक भगवान् हमारी रक्षा और पालन करते हैं, वैसे ही हर स्थिति में वे भक्त के साथ होते हैं।

जैसे जल में रहकर मछली कभी प्यासी नहीं रह सकती, वैसे ही घट-घट में वास करनेवाले ईश्वर के होते मनुष्य बेसहारा नहीं हो सकता। उसे अपने अंतर्मन में ईश्वर को अंदर ही खोजना चाहिए और जब वह एक बार भीतर के ईश्वर को पा लेगा तो उसका जीवन आनंद से भर उठेगा। इसलिए वे कहते हैं—

कस्तूरी कुंडल बसै, मृग ढूँढ़े वन माहिं।
ऐसे घट-घट राम हैं, दुनिया देखे नाहिं॥

कबीर दासजी कहते हैं कि सभी लोगों को कर्मों के अनुसार दुःख-सुख भोगने पड़ते हैं। दुःखों में जो घबराता नहीं, वही सच्चा ज्ञानी होता है और वह धैर्यपूर्वक दुःख की घड़ी से पार पा लेता है, लेकिन अज्ञानी लोग दुःख पड़ने पर व्याकुल होकर ईश्वर को पुकारते हैं। ऐसे ही लोगों के लिए वे कहते हैं—

दुख में सुमिरन सब करें, सुख में करै न कोय।
जो सुख में सुमिरन करै, तो दुख काहे को होय॥

कबीर कहते हैं कि श्रद्धा और विश्वास में बहुत शक्ति होती है। प्रभु उनके निकट ही हैं, वे उन्हें पहचानें और उनकी शरण ले लें, फिर उनके सारे

दुःख स्वतः दूर हो जाएँगे।

कबीर निर्मल भक्ति पर बल देते हुए कहते हैं कि जब तक मनुष्य का मन मैला होता है तब तक वह झूठी सांसारिक आसक्तियों से मुक्ति नहीं पा सकता। जब उसका मन पवित्र होता है, उसके आचरण में शुचिता आती है, तभी आसक्तियों से छुटकारा संभव है। वे आगे कहते हैं कि मनुष्य जीवन को राम-नाम का अमृत पीकर अमर कर लो, इसी में कल्याण है।

वे कहते हैं कि यह संसार किसी का भी स्थायी आवास नहीं है। यहाँ आनेवाला प्रतिदिन आयु का तिल-तिल क्षरण करके एक दिन यहाँ से चला जाता है। इसलिए अपने अंतर में छिपे सूक्ष्म तत्त्व का अन्वेषण करके उसे पाने का प्रयास करना चाहिए। उसकी प्राप्ति ही जीवन की सार्थकता है, जीवन का यथार्थ है; बाकी सब बेकार है, जीवन को व्यर्थ गँवाना है।

जाति-पाँति के भेदभाव को भुलाकर वे कहते हैं कि ज्ञान से ही सज्जनता आती है और ज्ञानीजन की कोई जाति नहीं होती—

जाति न पूछो साधु की, पूछ लीजिए ज्ञान।
मोल करो तलवार का, पड़ा रहन दो म्यान॥

कबीर ने अपने उपदेशों में प्रेम का भी बहुत महिमामंडन किया है। वस्तुतः प्रेम ही है, जो देश को देश से, समाज को समाज से, व्यक्ति को व्यक्ति से और धर्म को धर्म से जोड़ता है। इसलिए वे कहते हैं—

पोथी पढ़ि-पढ़ि जग मुआ, पंडित भया न कोय।
ढाई आखर प्रेम का, पढ़े सो पंडित होय॥

वे कहते हैं कि जो लोग ईश्वर के बनाए इनसानों से भेदभाव करते हैं, वे ईश्वर से भी प्रेम नहीं कर सकते। ऐसे लोग मानव के साथ-साथ ईश्वर का भी अपमान करते हैं।

कबीर ऐसी भक्ति का उपदेश देते हैं जिसके लिए व्रत, यज्ञ, तीर्थ, मूर्ति-पूजा, वेद-ज्ञान आदि सारे कर्मकांड बेमानी हैं। वे तो कहते हैं कि ब्रह्म और जीवात्मा में कोई भेद नहीं है। इस जीवात्मा से साक्षात्कार ही ब्रह्म को पाना है। इसके लिए ऐसी निष्काम भक्ति की आवश्यकता होती है, जिसमें प्रभु से धन, वैभव, सुख, संतान और यहाँ तक कि मुक्ति या स्वर्ग की चाह भी नहीं करनी

चाहिए और आनंद रूपी उस सागर में बूँद बनकर विलीन हो जाना चाहिए; यथा—

हेरत-हेरत हे सखी, गया कबीर हिराई।
बूँद समानी समद में, सोकत हरि जाई॥

कबीर वर्ण-व्यवस्था के कट्टर विरोधी थे। चूँकि वे स्वयं एक ऐसे परिवार में पले-बढ़े थे, जो तत्कालीन समाज में अछूत कहलाता था, अतः इस व्यवस्था के दंश को उन्होंने स्वयं झेला था। इसलिए वे लोगों को समझाते थे कि जन्म से सब मनुष्य समान हैं। भगवान् ने अपनी तरफ से ऐसी कोई व्यवस्था नहीं की है। वे जात-पाँत से कर्मों को श्रेष्ठ मानते थे—

ऊँचे कुल क्या जननियाँ, जे करणी ऊँच न होई।
सोवन कलस सुरै भरया, साधु निंदा सोई॥

हिंदू और मुस्लिमों से वे कहते थे कि जैसे पीली हल्दी और सफेद चूना आपस में मिलकर लाल हो जाते हैं, वैसे ही विभिन्न जाति-धर्मों के लोग आपस में मिलकर जब परमात्मा के प्रेम की लाली में विलीन हो जाते हैं तो राम और रहीम या काशी और काबा का भेद खत्म हो जाता है तथा सब एक परमात्मा के बंदे हो जाते हैं।

कबीर सत्य-विचार को जीवन के लिए अहम मानते थे। वे कहते थे, अगर आपके विचारों में सत्यता नहीं है तो संध्या, व्रत, तप, तीर्थ, यज्ञ, हवन, धार्मिक कर्मकांड, नमाज, अरदास आदि करने-कराने का कोई फायदा नहीं हो सकता। तभी वे कहते हैं—

साँच बराबर तप नहीं, झूठ बराबर पाप।
जाके हिरदय साँच है, ताके हिरदय आप॥

मन की चंचलता को काबू में करने के लिए संत-महात्माओं की संगति करनी चाहिए, उनके प्रवचन सुनने चाहिए। इससे मन निर्मल होता है। जैसे गंगाजल में मिलकर अशुद्ध जल भी पवित्र हो जाता है वैसे ही सत्संग से दुर्गुणों का नाश होता है और सत्गुणों की वृद्धि।

कबीर कहते हैं कि यदि आप अपना मार्ग स्वयं तलाश न कर पा रहे हों तो किसी योग्य गुरु की शरण लें। गुरु ही है, जो गोविंद (प्रभु) तक पहुँचने का

मार्ग बता सकता है।

सांप्रदायिक सौहार्द को बढ़ाने के लिए कबीर ने जिस मुखरता से तत्कालीन परिस्थितियों पर प्रहार किया था, वे आज भी प्रासंगिक हैं। उनकी बताई युक्ति आज भी सांप्रदायिक सौहार्द को बढ़ाने में मददगार हो सकती है—

हिंदू तरुक की एक राह में, सतगुरु है बताई।
कहै कबीर सुनहु हो संतों, राम न कहेउ खुदाई॥
सोई हिंदू सो मुसलमान, जिनका रहे इमान।
सो ब्राह्मण जो ब्राह्म मिलाया, काजी सो जाने रहमान॥

कबीर ने तत्कालीन संतप्त मानवता को शीतलता प्रदान करने के लिए कोई पंथ नहीं चलाया, केवल राम नाम जप का एक मार्ग सुझाया और कहा—

जहाँ दया वहाँ धर्म है, जहाँ लोभ तहाँ पाप।
जहाँ क्रोध तहाँ काल है, जहाँ क्षमा तहाँ आप॥

कबीर ने निर्गुण भक्ति, निर्मलता, सच्चाई, दर्द, प्रेम, सदाचार, नैतिकता, पारस्परिक सौहार्द, धार्मिक सहिष्णुता, उदारता, मानवता आदि गुणों को जीवन में उतारने का संदेश दिया। ये वे गुण और विशेषताएँ हैं, जो हर युग, हर समाज के विकास के लिए आवश्यक हैं। इनमें विरोध, कटुता, तनाव, टकराव आदि की कोई गुंजाइश नहीं है। सभी इन्हें अपनाना चाहेंगे। इस दृष्टि से कबीर को सार्वभौमिक संत कहा जा सकता है, जिनकी जितनी जरूरत तत्कालीन समाज को थी उतनी ही वर्तमान और भावी समाज को भी रहेगी। तभी तो वे उद्घोषणा करते हैं—

कबिरा खड़ा बजार में, सबकी माँगे खैर।
ना काहू से दोस्ती, ना काहू से बैर॥

लेकिन कबीर-पथ का सच्चा अनुगामी वही हो सकता है, जो अपना घर फूँककर भी मस्ती में झूमता रहे—अर्थात् सांसारिक व्यामोह का पूर्णत: परित्याग करने की क्षमता रखता हो। तभी तो वे कहते हैं—

कबिरा खड़ा बजार में, लिये लुकाठी हाथ।
जो घर फूँके आपना, चले हमारे साथ॥

कबीर ने जब सुन्नत कराने से इनकार कर दिया और मुसलमानी का अनुसरण भी अस्वीकार कर दिया, तब उनके मजहबी लोग उन्हें काफिर कहने लगे थे। उनका मुँह बंद करने के लिए तब कबीर ने कहा था—'लुटेरा, कपटी, ठग, हत्यारा, मांसभक्षी, मदिरापान करनेवाला और दुराचारी व्यक्ति काफिर (अल्लाह को न माननेवाला) होता है।' वे कहते थे—

कबीर सोई पीर है, जो जाने पर पीर।
जो पर पीर न जाने, सो काफिर बेपीर॥

ईश्वर से कैसी प्रीति करें? इसका उत्तर देते हुए कबीर कहते हैं—

जैसी प्रीत कुटुंब सो, तैसी हरि सो होय।
दास कबीरा यूँ कहे, काज न बिगरे कोय॥

ईश्वर को अपने अंदर ही ढूँढ़ने पर जोर देते हुए कबीर कहते हैं—

मोको कहाँ ढूँढ़े रे बंदे, मैं तो तेरे पास में।
ना देवल में ना मस्जिद में, ना काबे-कैलास में॥
खोजि होय तो तुरंत मिलि हौं, पल भर की तलाश में।
कहैं कबीर सुनो भाई साधो, सब साँसन की साँस में॥

और जो भक्त अपने हृदय के सारे 'मैं' को धो डालता है, उसके सारे सांसारिक मोह छूट जाते हैं, तब वह प्रभु की निष्काम भक्ति को पाता है और परमात्मा कह उठते हैं—

मन ऐसा निर्मल भया, जैसे गंगा नीर।
पीछे-पीछे हरि फिरें, कहत कबीर-कबीर॥

कबीर को राम नाम का जो गुरु मंत्र मिला था, अपने जीवन भर के सत्यान्वेषण में उन्होंने उसे परम सत्य के रूप में पाया। उन्होंने पाया कि उनके राम सर्वव्यापक आत्मा के रूप में घट-घट में बसे हैं। तभी तो वे कहते हैं—

राम नाम की लूट है, लूट सके तो लूट।
अंत काल पछताएगा, जब प्राण जाएँगे छूट॥

कबीर जीवन भर दरिद्र नारायण की सेवा करते रहे। दबे-कुचले समाज के उत्थान के लिए वे निर्भीकता से दमनकर्ता के सामने उसका पक्ष रखते थे और समाज में व्याप्त बुराइयों, कुरीतियों, पाखंडों आदि विकृतियों को दूर करने के लिए छटपटाते रहते थे। वे बुराई को अच्छाई से दूर करने के पक्षधर थे। तभी तो वे कहते थे—

जो तोको काँटा बोये, ताहि बोय तू फूल।
तोही फूल के फूल है, बाको है त्रिशूल॥
निंदक नियरे राखिए, आँगन कुटी छवाय।
बिन पानी साबुन बिना, निर्मल करे सुभाय॥

कबीर दासजी भोगवाद के कट्टर विरोधी थे। खाना, सोना, मौज-मस्ती में जीवन गँवा देने के स्थान पर वे कर्मवाद के हिमायती थे। वे अनावश्यक संग्रह के भी कटु आलोचक थे और केवल उतने ही उपभोग के पक्षधर थे जितने से जीवन-यापन हो सके। लेकिन लोग कहाँ सुनते थे। इसीलिए वे कह उठे थे—

सुखिया सब संसार है, खाए और सोए।
दुखिया दास कबीर है, जागे और रोए॥

कबीर के समय के समाज में दुर्बलों की दशा अत्यंत दयनीय थी। वे कुलीन वर्ग के गुलामों जैसा जीवन जीने को विवश थे। इसी सामाजिक विषमता से कबीर के हृदय में ये उद्‌गार उपजे। उन्होंने कुलीनों को सावधान करते हुए कहा—

दुर्बल को न सताइए, जाकी मोटी हाय।
बिना जीव की साँस सो, लौह भसम होइ जाय॥

इतना ही नहीं, कुलीन और उच्च वर्ग को चेतावनी देने के बाद वे नैतिक रूप से झकझोरते भी हैं। यथा—

बड़ा हुआ तो क्या हुआ, जैसे पेड़ खजूर।
पंथी को छाया नहीं, फल लागे अति दूर॥

इस प्रकार हम देखते हैं कि कबीर की शिक्षा, उपदेश और संदेश व्यर्थ नहीं गए। उनके पदचिह्नों पर चलकर अनेक साधारण लोग महान् बने। महात्मा

गांधी ने भी उनकी कई शिक्षाओं को अपनाया, जैसे—राम नाम का मंत्र, दरिद्र नारायण की सेवा, दया, करुणा, सर्वधर्म समभाव, सहिष्णुता, सदाचार, अहिंसा, उपभोगवाद का त्याग आदि-आदि। उनके वे उपदेश आज भी प्रासंगिक हैं और मानव-सभ्यता के रहने तक उनमें राई-रत्ती फर्क नहीं पड़ेगा।

□

5

ना काहू से वैर

कबीर न किसी के दोस्त थे, न दुश्मन। उनके लिए सब उनके अपने थे; क्योंकि उन्हें मालूम था कि सब एक ही ईश्वर की संतान हैं, सब में एक ही परमात्मा अपने अंश रूप में विद्यमान है। तभी तो वे कहते हैं—

राम-रहीमा एक है, नाम धराया दोय।
कहै कबीरा दो नाम सुनि, भरम परौ मति कोय॥

कबीर को किसी से कुछ नहीं चाहिए था, वे तो देने आए थे लोगों को—ज्ञान का संदेश, विवेकशीलता, भाईचारा, सौहार्द; लेकिन इसके बावजूद अनेक लोग उनके दुश्मन बन गए थे।

गुरु गोरखनाथ से मुकाबला

गुरु गोरखनाथ कबीर के समकालीन एक सिद्ध पुरुष थे। उन्हें अपने ज्ञान पर बहुत अहंकार था। वे जब-तब किसी सभा या जलसे में अपने कौतुक दिखाकर वाहवाही लूटते रहते थे। वे स्वामी रामानंदजी के आश्रम में आकर उनसे भी वाद-विवाद करते थे। एक दिन वे आश्रम में पधारे तो उनका सामना कबीर दासजी से हो गया। दोनों में किसी बात को लेकर विवाद छिड़ गया। दोनों ही अपनी-अपनी बात को सत्य सिद्ध करने के लिए तरह-तरह के कौतुक दिखाने लगे। यह वाद-विवाद लंबे समय तक चला और बहुत प्रसिद्ध हुआ। अंत में कबीर उन पर भारी पड़ने लगे और गुरु गोरखनाथ उनसे परास्त हो गए। उन्होंने हार मान ली और कबीर के चरण स्पर्श करके वहाँ से चले गए।

चमत्कारी लीलाएँ

दिल्ली के सुलतान सिकंदर लोदी के दरबार में भी कबीर के अनेक प्रतिद्वंद्वी थे। बादशाह को उन दिनों शरीर में खारिश और जलन का रोग था। उससे वह बहुत परेशान रहता था। एक बार वह बनारस आया तो उसने लोगों से पूछा कि वहाँ कोई हकीम या ऐसा जानकार है क्या, जो उसका रोग ठीक कर सके। जो दरबारी कबीर से जलते थे, उन्होंने उनका नाम आगे कर दिया। बादशाह ने कबीर को बुलवा भेजा।

कबीर ज्यों ही बादशाह के सामने पहुँचे, उसके शरीर की जलन शांत हो गई। बादशाह बहुत प्रसन्न हुआ। उसने कबीर को अपने निकट आसन पर बैठाया। यह देखकर दरबारी और जल-भुन गए। वे बादशाह के कान भरने लगे कि कबीर तो काफिर है, वह किसी धर्म को नहीं मानता। अपने को परमात्मा कहता है।

बादशाह ने जब कबीर से वही सवाल किया तो उन्होंने जवाब दिया कि वे संसार के रचयिता हैं। बादशाह ने उनकी सच्चाई परखने के लिए एक गाय को मरवा दिया। कबीर ने हाथ के स्पर्श से ही उसे भला-चंगा कर दिया। यह देखकर बादशाह और सभी दरबारी आश्चर्य से भर गए। उस दिन से कबीर बादशाह के विशेष कृपापात्र बन गए। लेकिन अभी भी कबीर के कई दुश्मन मौजूद थे, जो उनसे घृणा की हद तक ईर्ष्या करते थे। इनमें ही एक था बादशाह का मुँह लगा फकीर शेख तकी।

कबीर के कई ब्राह्मण और मुसलमान शत्रु उनके विरुद्ध पीर शेख तकी के कान भरने लगे। एक दिन शेख तकी बादशाह से बोला, "सुलतान, तुम काफिर कबीर को फौरन पेश्तर से मरवा दो, वरना मैं तुम्हें ऐसा शाप दूँगा कि तुम अपने ऐश्वर्य सहित नष्ट हो जाओगे।"

लेकिन बादशाह सिकंदर लोदी कबीर को मरवाने के पक्ष में नहीं था। जब शेख तकी ने जोर दिया तो उसने यहाँ तक कह दिया कि वह कबीर के बदले उसका सिर ले ले। इतने पर भी जब शेख तकी नहीं माना तो कबीर ने बादशाह से कहा कि वह शेख तकी की बात मान ले और वह उनके साथ जो करना चाहता है, करने दे। काफी ना-नुकुर के बाद सिकंदर लोदी ने कबीर की बात मान ली।

अब शेख तकी खुलकर खेलने लगा। उसने सिपाहियों को आदेश दिया

कि कबीर को बाँधकर गंगा में डाल दें। सिपाहियों ने आदेश का पालन किया। लेकिन थोड़ी देर बाद क्या देखते हैं कि कबीर साहब गंगा की बहती धारा पर पद्मासन लगाए हैं। यह देखकर बादशाह व कबीर के प्रशंसक उनकी जय करने लगे। शेख तकी व उसके समबुद्धि क्रोध और जलन से हाथ मलने लगे। बादशाह ने शेख तकी से कहा कि अब तो मान लो कि कबीर सिद्ध पुरुष हैं; लेकिन वह नहीं माना।

उसने कबीर को एक बड़े देग में बंद करवा के आग पर रखवा दिया। लेकिन थोड़ी देर बाद लोगों ने देखा कि कबीर तो बादशाह के पास बैठे मुसकरा रहे हैं।

तब शेख तकी ने उन्हें हाथ-पैर बँधवाकर आग में डलवा दिया, लेकिन उनके स्पर्श मात्र से आग ठंडी हो गई। इस पर भी शेख का विवेक नहीं जागा। उसने तलवार से कबीर पर ताबड़तोड़ वार शुरू कर दिए; लेकिन वह कबीर के जिस्म से यूँ पार निकलती रही मानो वार हवा में किए जा रहे हों।

तब कबीर को कुएँ में डलवाकर ऊपर से ईंट-पत्थर भर दिए गए। उन्हें तोप से उड़वाया गया; लेकिन शेख तकी उनका कुछ नहीं बिगाड़ सका।

एक बार सुलतान सिकंदर लोदी कबीर को इलाहाबाद ले गया। पीर शेख तकी भी उनके साथ था। तीनों गंगा के तट पर टहल रहे थे। शेख तकी इस उधेड़-बुन में डूबा था कि कैसे कबीर से छुटकारा पाए। तभी गंगा में उसे एक मुर्दा बहता दिखाई दिया। उसने कबीर से कहा, यदि वे उसे जीवित कर दें तो वह उन्हें परमेश्वर मान लेगा। कबीर फौरन बोले, ''ऐ मुर्दे! उठ जा।'' और वह मुर्दा फौरन जीवित होकर एक बालक में बदल गया। कहते हैं कि बाद में वही लड़का 'कमाल' नाम से कबीर का पुत्र कहलाया।

इस प्रकार कबीर ने सुलतान और शेख को 52 चमत्कारी लीलाएँ दिखाईं। आखिरी चमत्कार को देखकर शेख तकी उनके आगे सिर झुकाकर खड़ा हो गया और अपनी ज्यादतियों के लिए क्षमा-याचना करने लगे। कबीर ने उसे क्षमा कर दिया। तब से वह उनका शिष्य बन गया।

मन चंगा तो…

कबीर के घर रात-दिन साधु-संतों का जमघट लगा रहता था। उनके सेवा-सत्कार के लिए उन्हें दिन-रात अपना पैतृक काम (कपड़ा बुनना) करना पड़ता था।

एक दिन उनका एक मित्र उनसे मिलने आया। उसे देखकर अपने काम में लगे-लगे कबीर बोले, "क्या बात है मित्र, बड़े खुश दिखाई पड़ रहे हो?"

"हाँ, गंगा-स्नान के लिए हरिद्वार जा रहा हूँ। बड़े दिनों की इच्छा अब पूरी होने जा रही है। चलो, तुम्हें भी ले चलूँ।" मित्र बोला।

"नहीं, देख रहे हो न, काम से फुरसत ही कहाँ है।"

"तो ठीक है, मैं चलता हूँ, राम-राम।"

इस बात को कई दिन गुजर गए। एक दिन वही मित्र फिर कबीर से मिलने आया। कबीर उसे देखकर चहक उठे—"अरे! आ गए गंगा-स्नान करके। लेकिन तुम खुश नहीं लग रहे हो! क्या बात है?"

"क्या करूँ दोस्त? गंगा-स्नान किया, खूब पुण्य भी कमाया; लेकिन स्नान के दौरान पत्नी का सोने का कंगन गंगा में गिर गया, इसी बात ने सारा मजा खराब कर दिया।"

कबीर ने सिर हिलाया—"ओहो, तो ये बात है।"

कबीर के सामने उस वक्त मिट्टी का एक बड़ा सा कठौता (कटोरा) पड़ा था। उसमें पानी भरा था। उन्होंने गंगा मैया की जय करते हुए आँखें मूँदीं और कठौते में हाथ डालकर कुछ ढूँढ़ने लगे। कठौते के पानी में एक तेज उबाल आया और जब कबीर का हाथ बाहर निकला तो उसमें एक कंगन चमचमा रहा था। वे बोले, "लो, यही है न वो कंगन।"

मित्र ने अचंभे से काँपते हुए हाथ आगे बढ़ाया और बोला, "हाँ-हाँ।"

कबीर बोले, "मन चंगा तो कठौते में गंगा।"

मित्र उनके चरणों में गिर पड़ा। कबीर ने उसे उठाकर अपने सीने से लगा लिया।

कर्म-फल

एक बार कबीरदासजी ने एक किसान से प्रश्न किया, "क्या तुम भगवद्-भजन के लिए कभी समय निकाल पाते हो?"

किसान ने उत्तर दिया, "नहीं, अभी मेरे बच्चे छोटे हैं। जब जवान होंगे, तब अवश्य भजन-पूजन करूँगा।"

कुछ वर्ष बाद कबीरदासजी ने उससे पुनः प्रश्न किया, "अब तो बच्चे जवान हो गए होंगे, इसलिए पूजा-पाठ के लिए समय मिलता ही होगा?"

किसान ने कहा, "बच्चों की शादी करने का विचार है। उसके बाद ही पूजा-पाठ कर सकूँगा।"

कुछ वर्ष बाद भी वही प्रश्न दोहराने पर किसान ने जवाब दिया, "पोतों का मुख देखने की मेरी इच्छा है।"

कबीरदासजी ने हिम्मत न हारी और कुछ वर्ष बाद वही प्रश्न पूछने पर किसान ने निराशा भरे स्वर में कहा, "पोते बड़े ऊधमी हैं। बहुत तंग करते हैं। दिन भर उनकी तरफ ध्यान देना पड़ता है, इस कारण समय ही नहीं मिलता।"

अगली बार कई वर्षों के बाद जब कबीरदासजी किसान के घर गए, तो पता चला कि उसका देहावसान हो गया है। जब उन्होंने अंतर्ध्यान लगाया तो उन्हें दिखाई दिया कि किसान के पास एक गाय थी, जो उसे बड़ी प्यारी थी। किसान ने उसके बछड़े के रूप में जन्म लिया था। बड़ा होने पर उसे हल में खूब जोता गया और जब वह बूढ़ा हो गया तो कोल्हू में जोता गया। बाद में जब वह किसी काम का न रहा तो किसान के लड़कों ने उसे एक कसाई को बेच दिया। कसाई ने उसके टुकड़े करके उसका मांस लोगों को बेचकर तथा उसकी खाल का चमड़ा नगाड़े बनानेवालों को बेचकर पैसा कमाया। नगाड़े बजानेवाले अब उसे ठोंक-ठोंककर बजाया करते। किसान की यह हालत देखकर कबीरदासजी के मुँह से निम्न शब्द निकले—

बैल बने हल में जुते, ले गाड़ी में दीन।
तेली के कोल्हू रहे, पुनि घेर कसाई जीन॥
मांस कटा बोटी बिकी, चमड़न मढ़ी नक्कार।
कुछ कुकरम बाकी रहे, तिस पर पड़ती मार॥

मोह बड़ा दुःख-रूप है

संत कबीर एक गाँव में गए। वहाँ उन्होंने देखा कि लोग एक वेश्या को गाँव के बाहर निकालना चाहते हैं और वह गाँव छोड़ने को राजी नहीं हो रही है। जब लोगों ने उसका घर जलाना चाहा तो कबीरदासजी ने उन्हें रोका और कहा कि वे लोग धीरज रखें, वह स्वयं चली जाएगी।

दूसरे दिन वे सवेरे ही भिक्षापात्र लेकर उसके द्वार पर पहुँच गए। एक दिव्य पुरुष को सामने भिक्षापात्र लिये देखकर वह अंदर से कई पकवान लेकर आई। कबीरदासजी ने पकवानों की ओर देखा तक नहीं और उससे कहा, "मैं

यहाँ इन पकवानों की भिक्षा लेने नहीं, बल्कि तुम्हारा मोहावरण दूर करने के लिए आया हूँ। तुम्हारे भीतर जगज्जननी का दिव्य रूप है और उसे तुम्हारी कलुषित कामना ने आच्छादित कर रखा है। मैं उसी आवरण की भिक्षा माँगने के लिए आया हूँ।''

उस स्त्री ने यह सुना तो उसकी आँखों से आँसू बहने लगे। बोली, ''बाबा, क्या यह इतना आसान है ? यह मोहावरण तो मेरे शरीर की चमड़ी की तरह मुझसे चिपक गया है। इस चर्म को हटाने से जो वेदना होगी, वह भला मुझसे कैसे सहन हो सकेगी ?''

कबीरदासजी ने कहा, ''जब तक मुझे मेरी भिक्षा नहीं मिलेगी, मैं यहाँ से नहीं हटूँगा।''

उस स्त्री ने विचार करने पर निश्चय किया कि मोहावरण को हटाना ही होगा और गाँव को छोड़े बिना वह हट नहीं सकता। उसने अपना निश्चय कबीरदास को कह सुनाया। उन्हें आत्म-संतोष हुआ और वे मन-ही-मन बोले, 'इस द्वार पर भिक्षा के लिए आकर आज मैंने एक नारी के जगन्माता के रूप में दर्शन किए।'

राम नाम अनमोल है

संत कबीरदासजी का जब काशी में वास था तो एक बार एक राजा बहुत-सा धन लेकर उनके पास आया। कबीरदासजी ने देखा तो चुपचाप बाहर निकल गए। पर उनके पुत्र कमाल उससे मिले और राजा की अध्यात्मप्रियता देख उन्होंने गुरुमंत्र देकर उसे शिष्य भी बना डाला। राजा ने गुरुदक्षिणा के रूप में साथ में लाया धन उन्हें समर्पित कर दिया।

कबीरदासजी को जब यह बात मालूम हुई तो उन्हें बड़ा दुःख हुआ और उन्होंने कमाल को धिक्कारा। किंतु कमाल पर उसका कुछ भी असर नहीं हुआ। उन्होंने पिता से कहा, ''इस प्रकार धन लेने में कोई हानि नहीं है। मैंने धन लेकर 'राम नाम' को बेचा तो नहीं है। वैसे भी 'राम नाम' का कोई 'मोजो' (मूल्य) नहीं है। हाँ, इस धन का स्वयं उपयोग नहीं करूँगा, इसे दान में ही दूँगा। अतः मैंने कोई गलत काम नहीं किया है।''

कबहु तो राम के नाम को, मोजो कछुवै आहि।
तो मैं बेचा होइहै, मोहि बतावहु ताहि॥

राम नाम की महिमा

किंवदंती है कि एक बार कबीरपुत्र कमाल, जिसकी आयु 12 वर्ष की थी, गंगा किनारे खड़ा यह सोच रहा था कि 'ब्रह्म राम तें नाम बड़ बरदायक बरदानि'—क्या सचमुच सार्थक है? इतने में वहाँ बहुत से लोग आते दिखाई दिए। पूछने पर पता चला कि बीकानेर के किसी सेठ को श्वेत कुष्ठ हो गया है। वह सौ ब्राह्मणों के साथ राम-नाम का जाप करते हुए यज्ञ करने वहाँ आ रहा है। साथ ही उसकी समाधि लेने की भी इच्छा है।

कमाल ने सेठ को रोककर कहा, "तुम समाधि न लो। मैं अभी तुमको चंगा कर दूँगा।"

सेठ भला इससे इनकार क्यों करता? तब कमाल ने उससे कहा, "तुम कपड़े उतारकर नाक को पकड़कर नदी में गोता लगाओ। तली में पहुँचने पर राम का नाम लो, तुम्हारा कोढ़ दूर हो जाएगा।"

सेठ ने वैसा ही किया, किंतु कोढ़ दूर न हुआ।

तब कमाल ने उससे कहा, "तुम श्रद्धा और प्रेम से 'राम' का नाम लो और फिर से डुबकी लगाओ, रोग निश्चय ही दूर हो जाएगा।"

लेकिन इस बार भी कोई फायदा नहीं हुआ। तब कमाल ने उसे फिर से गोता लगाने के लिए कहा। जब सेठ डुबकी लगाने लगा तो कमाल ने पास ही पड़े लकड़ी के एक डंडे से उसके सिर पर प्रहार किया। 'हाय राम' कहकर सेठ चिल्ला उठा और जब डुबकी लगाकर उसने सिर ऊपर उठाया तो सिर से रक्त की धारा बह रही थी, मगर कोढ़ दूर हो गया था। सेठ धन्यवाद देकर वहाँ से चला गया।

घर आकर कमाल ने सारी बात कबीरदास को बताई। उन्होंने जान लिया कि बेटे को घमंड हो गया है। बिना कोई टिप्पणी किए, एक चिट्ठी में कुछ लिखकर उसे कमाल को देते हुए उन्होंने कहा, "जाओ, इसे गोस्वामी तुलसीदासजी के पास दे आओ, जो इस समय सामने के राम मंदिर में ठहरे हुए हैं।"

कमाल चिट्ठी लेकर तुलसीदासजी के पास गया और उसने उन्हें चिट्ठी दे दी। उन्होंने चिट्ठी पढ़ी। उसमें लिखा था—

डूबा बंस कबीर का, उपजे पूत कमाल।
तीन राम के नाम से, कोढ़ी कियो बहाल॥

गोस्वामीजी की समझ में कुछ न आया। पूछने पर कमाल ने सारा वृत्तांत कह सुनाया। वे समझ गए कि कबीरदासजी अपने पुत्र का घमंड दूर करना चाहते हैं।

उन्होंने उससे कहा, ''जाओ, नगर में ढिंढोरा पिटवा दो कि काशी के जितने भी कोढ़ी हैं, वे यहाँ आकर मुझसे मिलें। मैं उनका कोढ़ दूर कर दूँगा।''

ढिंढोरा सुनकर मध्याह्न समय लगभग पाँच सौ कोढ़ी गोस्वामीजी के पास पहुँचे। तुलसीदासजी ने एक तुलसीपत्र मँगवाकर उस पर 'राम' लिखा और उसे नदी में बहा दिया। फिर सब कोढ़ियों पर थोड़ा-सा जल छिड़ककर उन्हें नदी में गोता लगाने के लिए कहा। जब वे गोता लगाकर उठे तो उन्होंने देखा कि उनका कोढ़ चला गया है।

कमाल ने यह देखा तो दंग रह गया। उसने वापस आकर कबीरदासजी से इस घटना का वर्णन किया, किंतु वे संतुष्ट नहीं हुए। उन्होंने पुनः एक चिट्ठी लिखकर कमाल से सूरदासजी को देने के लिए कहा।

कमाल ने जाकर वह चिट्ठी सूरदासजी को दी। उसमें लिखा था—

तुलसीदास ने पाँच सौ कोढ़ी किए बहाल।
कितनी कम कीमत हुई, बस एक नाम का कमाल॥

सूरदासजी ने उससे पूछा तो उसने सारा वृत्तांत कह सुनाया। वे कमाल से बोले, ''देख, सामने एक शव बह रहा है, उसे पकड़कर ले आ।''

कमाल ने सामने देखा तो उसे एक शव बहता दिखाई दिया। मगर वह यह देख चकित रह गया कि अंधे होकर भी सूरदासजी को शव कैसे दिखाई दिया और चिट्ठी का अंश वे कैसे पढ़ पाए!

वह नदी में कूद पड़ा और शव को पकड़कर सूरदासजी के पास ले आया। उन्होंने शव का एक कान पकड़कर 'राम' के 'रा' का उच्चारण किया ही था कि वह मृतक मनुष्य जी उठा और उसने सूरदास को प्रणाम किया। यह देखते ही कमाल के तो होश उड़ गए। वापस लौटकर उसने पिता से सारी बात बताई, तब वे उससे बोले, ''बेटे, राम का नाम पारस, कामधेनु और कल्पतरु के समान है। जो जैसा साधक है, उसके लिए यह वैसा ही प्रभावकारी और फलदायी है। मगर इसके लिए घमंड करना उचित नहीं।''

बात कमाल की समझ में आ गई और उसने पिता से क्षमा माँगी। □

6

काव्य-संसार

कबीरदासजी अपने युग के महान् संत-साहित्कार थे। उन्होंने कहीं से भी औपचारिक शिक्षा ग्रहण नहीं की थी। वे निरक्षर थे। उसे स्वीकारते हुए खुद उन्होंने कहा—

मसि कागद छुयौ नहीं, कलम गह्यौ नहि हाथ।

लेकिन बावजूद इसके उनके मुँह से जो निकाला, तर्क और साहित्य की कसौटी पर वह पत्थर की लकीर बन गया। उनके काव्य में व्यावहारिक जीवन-दर्शन के चरमोत्कर्ष की अभिव्यक्ति देखी जा सकती है। उन्होंने अपने काव्य के माध्यम से जो संदेश दिया, वह जितना उस समय में प्रासंगिक था उतना आज भी है। तभी तो वे डंके की चोट पर उद्घोषणा करते हैं—

मैं कहता हूँ आखिन देखी, तू कहता कागद की लेखी।

कबीर ने अपने काव्य में अलंकारों अथवा उपमाओं को नहीं ठूँसा है, वरन् सरल शब्दों में दो-टूक बात को त्यों-का-त्यों धर दिया है, यथा—

माला फेरत जुग गया, मिटा न मन का फेर।
कर का मनका डारि दे, मन का मनका फेर॥

कबीर की लेखन शैली को मुख्यत: दो भागों में बाँटा जा सकता है—रचनात्मक और आलोचनात्मक! रचनात्मक शैली में वे लोगों को दया, करुणा, क्षमा, संतोष, धैर्य, गुरु-प्रेम, विश्वास, उदारता आदि का संदेश देते हैं, यथा—

गुरु पारस को अंतरो, जानत हैं सब संत।
वह लोहा कंचन करे, ये करि लेय महंत॥

और—

दया धर्म का मूल है, पाप मूल संताप।
जहाँ क्षमा तहाँ धर्म है, जहाँ दया तहाँ आप॥

आलोचनात्मक शैली में कबीर लोगों को सावधान करते हुए चेताते हैं कि गलत काम छोड़ दो। इसका फल हमेशा बुरा होता है, यथा—

कबीर गर्व न कीजिए, ऊँचा देखि अवास।
काल परौं भुँई लेटना, ऊपर जमसी घास॥

और—

हाथ चढ़ि के जो फिरै, ऊपर चँवर ढुराय।
लोग कहैं सुख भोगवे, सीधे दोजख जाय॥

रचना शैली

कबीर ने अपने काव्य में खड़ी बोली, पंजाबी, राजस्थानी, पूर्वी, ब्रजभाषा, अवधी इत्यादि क्षेत्रीय भाषाओं का इस्तेमाल किया है, इसलिए उनका काव्य जनमानस के निकट का काव्य बना। उनकी वाणी का संग्रह 'बीजक' नाम से संकलित है। 'बीजक' में उनके काव्य के अनेक रूप देखने को मिलते हैं, जिनमें प्रमुख निम्नलिखित हैं—

* साखी
* पद
* रमैनी
* वार
* बावनी
* बसंत
* चाँवर
* बेलि
* थिंती
* चौंतीसा
* कहरा
* हिंडोला
* विप्रमतीसी
* बिरहुली और
* उलटबाँसी

साखी

कबीर ने साखी की रचना दोहा शैली में की है, यानी दो पंक्तियों में उन्होंने एक पूरे ग्रंथ का सार भर दिया है, यथा—

जीना थोड़ा ही भला, हरि का सुमिरन होय।
लाख बरस का जीवना, लेखै धरै न कोय॥

इसे देखिए—

अष्ठ सिद्धि नव निधि लौं, सबही मोह की खान।
त्याग मोह की वासना, कहैं कबीर सुजान॥

कबीर की साखियों में लौकिक और पारलौकिक दोनों विषयों का समावेश है। लौकिक विषयों के अंतर्गत वे अंधविश्वास, रूढ़ियों, पाखंड, धार्मिक कट्टरता आदि पर चोट करते हैं, जैसे—

वेद कुरान सब झूठ है, उसमें देखा पोल।
अनुभव की है बात कबीरा, घट-परदा देखा खोल।

वे तो प्रेम से सबको जीतने के हामी हैं—

उड़ा बगुला प्रेम का, तिनका उड़ा आकाश।
तिनका तिनके से मिला, तिनका तिनके पास॥

वहीं पारलौकिक विषयों के अंतर्गत वे आध्यात्मिक व नैतिक विकास की बात करते हैं, यथा—

माटी कहै कुम्हार सो, तू क्या रूँदे मोहि।
एक दिन ऐसा आएगा, मैं रूँदूँगी तोहि॥

और इसे देखिए—

लाली मेरे लाल की, जित देखूँ तित लाल।
लाली देखन मैं गई, मैं भी हो गई लाल॥

पद

पदों या शब्दों के माध्यम से भी कबीर ने सामाजिक विसंगतियों पर चोट की है। इनमें भी उन्होंने लौकिक और पारलौकिक विषयों को छुआ है, यथा—

रे दिल गाफिल, गफलत मत कर,
एक दिन जम (यम) आवेगा।

सौदा करने या जग आया,
प्रेम लाया, मूल गँवाया।
प्रेम नगर का अंत न पाया,
ज्यों आया त्यों जाएगा॥

रमैनी

इसी शैली के अंतर्गत कबीर ने अपनी सैद्धांतिक रचनाओं को स्थान दिया है। बाकी गुण इसमें पूर्ववत् हैं। रमैनी का एक उदाहरण—

सुंते भी तकी क्रोध प्रजारा। शिरसे ताज जमीन मारा॥
निपट विकल देखा तेहि भाई। तब हम शाह से कह बुझाई॥
कहें कबीर सुनो सुलताना। करो पीर को बचन प्रमाना॥

अन्य शैलियाँ

'वार' शैली के अंतर्गत कबीर ने सप्ताह के सातों दिनों (वारों) को लेकर उपदेशात्मक रचनाएँ की हैं।

'बावनी' बावन वर्णों की आध्यात्मिक गायन रचनाएँ हैं।

'बसंत' शैली की रचनाएँ होली या बसंत के अवसर पर गाई जाती थीं, इसलिए इनका नाम 'बसंत' पड़ गया।

'चाँवर' रचनाओं में भी कबीर ने भक्ति का संदेश दिया है।

'बेलि' के अंतर्गत कबीर ने मोह-माया से विवृत्ति के लिए उपदेश दिया है।

'थिंती' में तिथि के अनुसार काव्य रचना करके भक्ति की धारा को प्रवाहित किया है।

'चौंतीसा' में कबीर ने केवल व्यंजनों का प्रयोग करके काव्य-सृजन किया है। इनमें देवनागरी के स्वरों का प्रयोग नहीं हुआ है।

'कहरा' में राम-भक्ति को सर्वश्रेष्ठ बताकर केवल उनका ही भजन करने पर बल दिया गया है।

'हिंडोला' में संत कबीर ने पूरे संसार को हिंडोला मानते हुए जन-सामान्य को उपदेशित किया है।

'विप्रमतीसी' में तीस-तीस पंक्तियों की काव्य रचनाएँ हैं, जिनमें ब्राह्मणों के अहं और मिथ्या अभिमान को रेखांकित किया गया है।

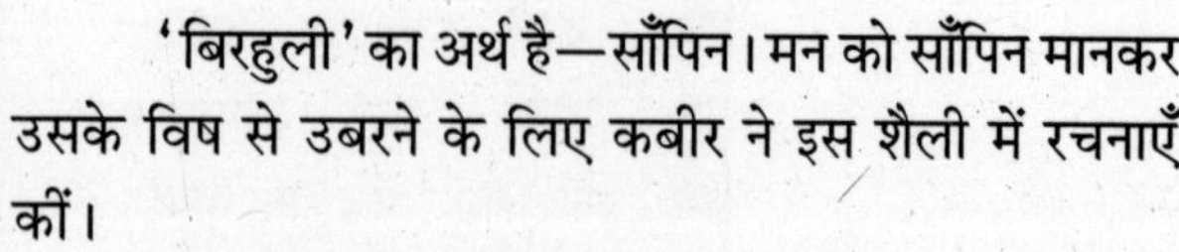

'बिरहुली' का अर्थ है—साँपिन। मन को साँपिन मानकर उसके विष से उबरने के लिए कबीर ने इस शैली में रचनाएँ कीं।

'उलटबाँसी' में कबीर ने बातों को उलटे ढंग से समझाने की कोशिश की है, जैसे—

अंबर बरसै धरती भीजे, यहु जानैं सब कोई।
धरती बरसै अंबर भीजे, बूझे बिरला कोई॥

इस प्रकार कबीर ने अपनी रचनाओं में गागर में सागर की तरह ज्ञान आवेशित कर दिया है। यही कारण है कि जब-जब हिंदी भक्ति साहित्य की चर्चा होती है, तुलसी के बाद कबीर को ही महिमामंडित किया जाता है। उनकी रचनाएँ जिस पृष्ठभूमि में अवतरित हुई थीं, आज की पृष्ठभूमि में भी उनकी महत्ता कम नहीं हुई है, अपितु वर्तमान संदर्भ में उनकी प्रासंगिकता कहीं अधिक है। उनके बताए मार्ग पर चलकर समाज, व्यक्ति और देश को न केवल योग्य, अपितु संपूर्ण बनाया जा सकता है—इसमें संशय नहीं है।

□

7

पंचतत्त्व से मेल

कबीर ने अपना सारा जीवन काशी में गुजारा। वे स्वयं कहते हैं—

'सकल जनम शिवपुरी (काशी) गुजारा।'

काशी में रहकर ही उन्होंने धार्मिक पाखंड, वेदांत तत्त्व, मिथ्याचार, अंधविश्वास, संसार की क्षणभंगुरता, आत्मशुद्धि, माया, छुआछूत आदि विषयों पर काव्य सृजन किया और शोषित वर्ग को उनके अधिकारों को पाने के लिए प्रेरित किया।

कबीर को शांतिमय जीवन पसंद था। अहिंसा, सदाचार, सत्य, दया आदि सद्गुणों के वे उपासक थे। वे सदा सांप्रदायिक सौहार्द के लिए कार्य करते रहे। उनका लक्ष्य सर्वधर्म-समभाव और विश्व-बंधुत्व था। तभी तो वे कहते थे—

हिंदू मैं हूँ नाहीं, मुसलमान भी नाहिं।
पंचतत्त्व को पूतला, गैबि खेले माहिं।

उन्होंने कोई पंथ नहीं चलाया, न किसी को शिष्य बनाने की कोशिश की। वे तो सरल और सच्चे शब्दों में अपने दिल की बात कह देते थे। उनका खुद का कहना था—

सिंह के लँहड़े नहीं, हंसन की नहिं पाँत।
लालो की नहीं बोरियाँ, साधु न चले जमात॥

कबीर के बाद उनके समर्थकों ने उनके संदेश को जन-जन तक पहुँचाने के लिए कबीर आश्रम और कबीर चौरा की स्थापना की और इन्हीं से धीरे-धीरे कबीर-पंथ या कबीर मार्ग का उदय हुआ।

भक्ति आंदोलन के संत कवि कबीर जीवन भर नश्वर शरीर की असारता के बारे में बताते रहे—

यह तन काँचा कुंभ है, लिया फिरे था साथि।
ढबका लागी फुटि गया, कछु न आया हाथि॥

इसलिए वे लोगों को हमेशा अनासक्ति का उपदेश देते रहे। वे कण-कण में बसनेवाले राम नाम के स्मरण से सबकुछ पा लेने की बात कहते हैं। वे कहते हैं कि उन्हें (राम को) पाने के लिए कहीं जाने की जरूरत नहीं है, क्योंकि—

ज्यों तिल माहीं तेल है, ज्यों चकमक में आगि।
ऐसे घट-घट राम हैं, दुनिया देखे नाहिं॥

कबीरदास अहिंसा के प्रबल समर्थक थे। जीव-हत्या को वे सहन नहीं कर सकते थे, इसलिए जब भी ऐसी घटना की खबर मिलती, वे वहाँ पहुँचकर उसे रुकवाने की कोशिश करते थे। इसलिए वे कहते थे—

संतो पांडे निपुण कसाई।
बकरा मारि भैंसा पर धावै, दिल में दर्द न आई॥

और—

दिन को रोज रहत है, रात हनत हो जाय।
मेहि खून यह बंदगी, क्यों कर खुश खुदाय॥

कबीर कर्मयोगी कवि थे। वे दिन-रात अपने कर्म में लीन रहकर ही राम भक्ति करते रहे, क्योंकि उन्हें ज्ञात था कि जीवन में कर्म अनिवार्य है। इसलिए वे कहते हैं—

श्रम ही ते सब कुछ बने, बिन श्रम मिले न काहि।
सीधी उँगली घी जमो, कबहुँ निकसै नाहिं॥

और—

श्रम ही ते सब होत है, जो मन राखे धीर।
श्रम ते खोदत कूप ज्यौं, थल में प्रकटे नीर॥

वे कर्म क्यों करते हैं? क्योंकि वे जानते हैं कि कर्म से ही भोजन मिलता है और भोजन से ही शरीर भजन करने में समर्थ होता है, यथा—

भूखे भजन न होय गोपाला, ले-ले तेरी कंठी माला।

इसलिए वे कहते हैं—

कबीर क्षुधा है कूकरी, करत भजन में भंग।
याको टुकड़ा डार दे, भजन करो निसंक॥

कबीर जीवन भर सांप्रदायिक सद्भाव हेतु और ऊँच-नीच के विरुद्ध संदेश देते रहे और समाज को वसुधैव कुटुंबकम् की ओर उत्प्रेरित करते रहे। वे कहते थे—

काबा फिर काशी भया, राम भया रहीम।
मोठ चून मैदा भया, बैठ कबीरा जीम॥

और—

जाति हमारी आत्मा, प्रान हमारा नाम।
अलग हमारा इष्ट है, गगन हमारा ग्राम॥

जैसा कि पहले बताया गया है, कबीर ने अपना पूरा जीवन काशी में बिताया, लेकिन वे अपने अंत समय से पूर्व मगहर (गोरखपुर के निकट) चले गए और अपने अंतिम चालीस दिन उन्होंने वहीं बिताए। वे खुद कहते हैं—

सकल जनम शिवपुरी गँवाया।
मरती बार मगहर उठि आया॥

मगहर के बारे में शास्त्रों में कहा गया है कि जो मगहर में मरता है, उसकी मुक्ति नहीं होती। वह मरने के बाद गधे के रूप में जन्म लेता है। लेकिन कबीर अपने 'राम' के साथ मरना चाहते थे। उनकी भक्ति वे कहीं भी रहकर कर सकते थे; क्योंकि उनका सोचना था—

हम न मरिहै मरिहै संसारा, हमको मिला है सिरजन हारा।

वे इस मत के थे कि—

खुलि खेलो संसार में, बाँधि सकै न कोइ।
घाट जागति का करै, जो फिर बोझा न होइ॥

उनके लिए क्या मगहर, क्या बनारस। कर्म के प्रति सच्चा समर्पण और ईश्वर के प्रति सर्वस्व अर्पण कर चुके कबीर कहते थे—

केवल सत्य विचारा, जिनका सदा अहारा।
कहे कबीर सुनो भई साधो, तरे सहित परिवारा॥

इस प्रकार, गुरु नानक से 71 वर्ष पहले जनमे संत कबीर 120 वर्ष तक दुनिया में रहे। सन् 1518 तदनुसार संवत् 1574 में उन्होंने 'ज्यों की त्यों धर दीन्ही चदरिया' और अपने भक्तों को रोता-बिलखता छोड़कर चले गए। कहते हैं कि उनकी मृत्यु के बाद हिंदू और मुसलमानों में झगड़ा होने लगा। हिंदू उनके दाह-संस्कार पर अड़े हुए थे और मुसलमान अनुयायी उन्हें दफन करना चाहते थे। लेकिन जब उनके शव से कफन हटाया गया तो वहाँ से नश्वर शरीर नदारद था। वहाँ थोड़े से फूल पड़े हुए थे। जाते-जाते भी वह मसीहा मानो संदेश दे गया कि—'तुम जिस शरीर पर लड़ रहे हो, वह तो नश्वर है। उसे जलाओ या दफनाओ—वह तो नष्ट होकर पंच तत्त्व में विलीन हो जाएगा। इसलिए लड़ना बेकार है, हिल-मिलकर रहना श्रेष्ठ।'

इस प्रकार, उन फूलों को आधा-आधा बाँटकर हिंदुओं ने उनका दाह-संस्कार किया और मुसलमानों ने अपने हिस्से को दफना दिया।

आज भी मगहर में कबीर की समाधि और कब्र पास-पास बनी हैं। ये स्थल हिंदुओं और मुसलमानों के श्रद्धा-स्थल हैं।

□

8

कबीर के दोहे

न्हाए धोए क्या भया, जो मन मैला न जाय।
मीन सदा जल में रहै, धोए बास न जाय॥

पवित्र नदियों में शारीरिक मैल धो लेने से कल्याण नहीं होता। इसके लिए भक्ति-साधना से मन का मैल साफ करना पड़ता है। जैसे मछली हमेशा जल में रहती है, लेकिन इतना धुलकर भी उसकी दुर्गंध समाप्त नहीं होती।

निरमल गुरु के नाम सों, निरमल साधू भाय।
कोइला होय न ऊजला, सौ मन साबुन लाय॥

सत्गुरु के सत्य-ज्ञान से निर्मल मनवाले लोग भी सत्य-ज्ञानी हो जाते हैं, लेकिन कोयले की तरह काले मनवाले लोग मन भर साबुन मलने पर भी उजले नहीं हो सकते—अर्थात् उन पर विवेक-बुद्धि की बातों का असर नहीं पड़ता।

दीपक सुंदर देख करि, जरि-जरि मरे पतंग।
बढ़ी लहर जो विषय की, जरत न मोरै अंग॥

दीपक की सुनहरी-लहराती लौ की ओर आकर्षित होकर कीट-पतंगे उसमें जल मरते हैं। इसी प्रकार कामी लोग भी विषय-वासना की तेज लहर में बहकर यह तक भूल जाते हैं कि वे डूब मरेंगे।

भक्ति बिगाड़ी कामिया, इंद्रिन केरे स्वाद।
हीरा खोया हाथ सों, जनम गँवाया बाद॥

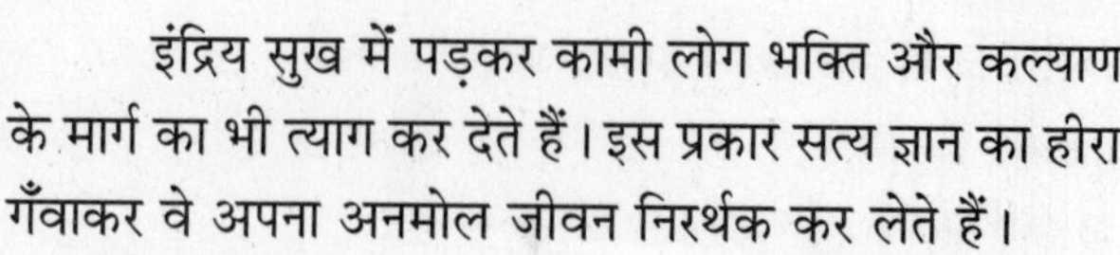

इंद्रिय सुख में पड़कर कामी लोग भक्ति और कल्याण के मार्ग का भी त्याग कर देते हैं। इस प्रकार सत्य ज्ञान का हीरा गँवाकर वे अपना अनमोल जीवन निरर्थक कर लेते हैं।

काम क्रोध मद लोभ की, जब लग घट में खान।
कबीर मूरख पंडिता, दोनों एक समान॥

जब तक शरीर में काम, क्रोध, लोभ, मद और मोह जैसे विकारों का भंडारण है, कबीर कहते हैं कि तब तक मूर्ख और पंडित दोनों एक जैसे हैं। अर्थात् जिसने सत्य-ज्ञान से इन विकारों को जीत लिया, वह पंडित है और जो इनमें फँसा रहा, वह मूर्ख।

माया मन की मोहिनी, सुर नर रहे लुभाय।
इन माया सब खाइया, माया कोय न खाय॥

माया मन को मोहनेवाली, ठगनेवाली है। देवता, मनुष्य आदि सभी को यह अपने वश में कर लेती है। यह माया सबको जीत लेती है, लेकिन इसे कोई नहीं जीत पाता।

माया तो ठगनी भई, ठगत फिरै सब देस।
जा ठग ने ठगनी ठगी, ता ठग को आदेश॥

यह माया कुशल ठगनी बनकर देश-परदेश के लोगों को ठगती रहती है। लेकिन जो कोई ठग इस ठगनी को ठग लेता है, वह निश्चित ही कोई साधु, संत या महात्मा होता है।

जिनके नाम निशान है, तिन अटकावै कौन।
पुरुष खजाना पाइया, मिटि गया आवा गौन॥

जिनके हृदय में प्रभु-ज्ञान के निशान अंकित हैं, उन्हें मुक्ति के मार्ग से कौन भटका सकता है। उनके लिए तो मोक्ष के द्वार खुल जाते हैं। ऐसे सिद्ध पुरुष तो प्रभु के सत्य-ज्ञान के खजाने को पाकर जीवन-मृत्यु के चक्र से छुटकारा पा जाते हैं।

खुलि खेलो संसार में, बाँधि सकै न कोय।
जाट जगाती क्या करै, सिर पर पोट न कोय॥

सांसारिक मोह-माया के बंधन से मुक्त होकर संसार में इस तरह विचरण करो कि कोई तुम्हें बाँध न सके। यदि तुम्हारे सिर पर मोह-माया, विषय-आसक्ति की गठरी नहीं होगी तो तुम्हें कोई कर आदि भी नहीं चुकाना होगा। अर्थात् तुम्हारी मुक्ति निश्चित होगी।

काल फिरै सिर ऊपरे, हाथों धरी कमान।
कहैं कबीर गहु नाम को, छोड़ सकल अभिमान॥

स्मरण रखें—काल हाथों में धनुष-बाण लिये सबके सिर पर मँडरा रहा है। इसलिए कबीर कहते हैं कि अपना सारा अभिमान त्यागकर प्रभु नाम को भजो। उसी में मुक्ति है।

कबीर यह मन मसखरा, कहूँ तो मानै रोस।
जा मारग साहिब मिलै, तहाँ न चालै कोस॥

कबीर कहते हैं कि यह मन बड़ा चंचल और मजाकिया है। इसे ज्ञान-ध्यान की बातें बुरी लगती हैं। इसे प्रभु-भक्ति के मार्ग पर चलने के लिए कहो तो उस पर बिलकुल नहीं चलता। अर्थात् मन की चंचलता पर काबू पाना बड़ा कठिन है।

स्वारथ कूँ स्वारथ मिले, पड़ि-पड़ि लूंबा बूंब।
निस्प्रेही निरधार को, कोय न राखै झूंब॥

कई स्वार्थी लोग जब आपस में मिलते हैं तो एक-दूसरे की खूब प्रशंसा करते हैं, एक-दूसरे को खूब खुश करने की कोशिश करते हैं; लेकिन जो व्यक्ति निष्काम और निस्स्वार्थ होते हैं, लोग शब्दों से भी उसका आदर नहीं करते।

माया कू माया मिले, कर कर लंबे हाथ।
निस्प्रेही निरधार को, गाहक दीनानाथ॥

धनी धनी से मिलता है तो दोनों में खूब प्रेम भरी बातें होती हैं; लेकिन जो निष्काम, निस्स्वार्थी और आधारहीन लोग होते हैं, उनका प्रेमी केवल ईश्वर होता है।

संसारी से प्रीतड़ी, सरै न एकौ काम।
दुविधा में दोनों गए, माया मिली न राम॥

संसारी लोगों से प्रेम और मेल-जोल बढ़ाने से एक भी काम अच्छा नहीं होता, बल्कि दुविधा या भ्रम की स्थिति बन जाती है, जिसमें न तो भौतिक संपत्ति हासिल होती है, न आध्यात्मिक। दोनों ही हाथ खाली रह जाते हैं।

सुख के संगी स्वारथी, दुःख में रहते दूर।
कहैं कबीर परमारथी, दुःख सुख सदा हजूर॥

स्वार्थी लोग केवल सुख के साथी होते हैं, दुःख आने पर वे भाग खड़े होते हैं। कबीर कहते हैं कि जो सच्चे परमार्थी होते हैं वे दुःख हो या सुख—सदा आपके साथ होते हैं।

भय से भक्ति करैं सबै, भय से पूजा होय।
भय पारस है जीव को, निरभय होय न कोय॥

सांसारिक भय के कारण ही लोग भक्ति और पूजा करते हैं। इस प्रकार भय जीव के लिए पारस के समान है, जो इसे भक्तिमार्ग में लगाकर उसका कल्याण करता है। इसलिए सन्मार्ग पर चलने के लिए जरूरी है कि सभी भीरु हों।

यह बिरियाँ तो फिरि नहिं, मन में देखु विचार।
आया लाभहि कारनै, जनम जुआ मति हार॥

बार-बार मनुष्य जीवन नहीं मिलेगा, इसलिए अच्छी तरह सोच-विचार कर लो। सोचो, तुम लाभ के लिए अर्थात् मुक्ति के लिए आए हो, इसलिए इस अनमोल जीवन को सांसारिक जुए में मत हारो।

झूठा सब संसार है, कोउ न अपना मीत।
राम नाम को जानि ले, चलै सो भौजल जीत॥

हे मनुष्य! यह संसार झूठा और असार है। यहाँ कोई अपना मित्र-संबंधी नहीं है। इसलिए तू राम नाम की सच्चाई को जान तो इस भवसागर से मुक्ति मिल जाएगी।

एक दिन ऐसा होयगा, कोय काहु का नाँहि।
घर की नारी को कहै, तन की नारी जाँहि॥

समय पल-पल बीत रहा है और एक दिन ऐसा होगा कि कोई किसी का नहीं रहेगा। घर की नारी (पत्नी) की तो क्या करें, शरीर की नाड़ी भी अपनी नहीं रहेंगी।

ऐसी बानी बोलिए, मन का आपा खोय।
औरन को शीतल करै, आपहु शीतल होय॥

मान और अहंकार का त्याग करके ऐसी वाणी में बात करें कि औरों के साथ-साथ स्वयं को भी खुशी मिले। अर्थात् मीठी वाणी से ही दिल जीते जाते हैं।

जग में बैरी कोय नहीं, जो मन शीतल होय।
या आपा को डारि दे, दया करे सब कोय॥

यदि आपका मन शांत है तो संसार में कोई भी आपका शत्रु नहीं हो सकता। आप अपने अहंकार को त्याग दें तो सभी आपसे प्रेम करने लगेंगे।

इष्ट मिले अरु मन मिले, मिले सकल रस रीति।
कहैं कबीर तहँ जाइए, यह संतन की प्रीति॥

जहाँ पर अभीष्ट वस्तुएँ, मन और व्यवहार हमारे मन-माफिक हों, कबीर कहते हैं, वहाँ अवश्य जाना चाहिए। संत-महापुरुष भी ऐसे स्थानों पर जाना पसंद करते हैं।

कबीर संगी साधु का, दल आया भरपूर।
इंद्रिन को तब बाँधिया, या तन कीया घूर॥

कबीर कहते हैं, जब मन में दया, क्षमा, त्याग, सत्य-ज्ञान आदि गुणों की उत्पत्ति होती है और मोह-आसक्ति आदि विकारों का नाश होता है तो सभी इंद्रियाँ स्वत: वश में आ जाती हैं और यह शरीर हमारे इशारों पर चलने लगता है।

कबीर मुख सोई भला, जा मुख निकसै राम।
जा मुख राम न नीकसै, ता मुख है किस काम॥

कबीर कहते हैं कि वही मुँह कल्याणकारी हो सकता है, जो राम नाम जपता हो। जिस मुँह से राम नाम न निकले वह मुँह बेकार है, उद्देश्यहीन है।

लंबा मारग दूर घर, बिकट पंथ बहु मार।
कहो संत क्यों पाइए, दुर्लभ गुरु दीदार॥

बहुत लंबा रास्ता है, घर बहुत दूर है और मार्ग भी खतरों व बाधाओं से भरा है। हे संतो! ऐसे में गुरु के दर्शन कैसे हों? अर्थात् मोह-माया, विषय-आसक्तियों आदि का दमन करके ही सत्गुरु को पाया जा सकता है, जो सचमुच एक कठिन तप के समान है।

ज्ञान दीप परकाश करि, भीतर भवन जराय।
तहाँ सुमिर गुरु नाम को, सहज समाधि लगाय॥

पहले ज्ञान रूपी दीपक का हृदय रूपी घर में प्रकाश करें, फिर वहाँ बैठकर श्रद्धा भाव से गुरु को स्मरण करें तो सहज ही समाधि लग जाएगी।

सुरति समावे राम में, जग से रहे उदास।
कहैं कबीर गुरु चरण में, दृढ़ राखो विश्वास॥

अपने मन को राम नाम के स्मरण में लगा दें और बाकी जगत् से विरक्त हो जाएँ। कबीर कहते हैं कि गुरु चरण में दृढ़ विश्वास रखने पर ही लक्ष्य को पाया जा सकता है।

कबीर गुरु की भक्ति का, मन में बहुत हुलास।
मन-मनसा माजै नहीं, होन चहत है दास॥

कबीरदासजी कहते हैं, गुरु-भक्ति की तेरे मन में बहुत ललक है; लेकिन मन से विषय-वासन, राग-द्वेष, ऊँच-नीच आदि विकारों को निकाले बिना गुरु-भक्ति नहीं मिल सकती। दास पद पाने के लिए हृदय को पवित्र करना पड़ता है।

प्रेम बिना जो भक्ति है, सो निज दंभ विचार।
उदर भरन के कारन, जन्म गँवाए सार॥

प्रेम के बिना की गई भक्ति पाखंड के सिवा कुछ नहीं है। यह तो पेट भरने के लिए की गई स्वार्थपरक भक्ति है, जो जीवन को सारहीन करने के समान है।

जब लग भक्ति सकाम है, तब लग निष्फल सेव।
कहैं कबीर वह क्यों मिलै, निहकामी निज देह॥

फल की आशा से की जानेवाली भक्ति से कल्याण नहीं हो सकता। कबीर कहते हैं कि हमारा अंतरात्मा तो निष्काम है, उसे सकाम भक्ति से कैसे प्रसन्न किया जा सकता है। अर्थात् अंतर को जानने के लिए निष्काम भावना जरूरी है।

कामी क्रोधी लालची, इनते भक्ति न होय।
भक्ति करै कोइ सूरमा, जाति बरन कुल खोय॥

विषयों के दास, क्रोधी, लोभी और लालची लोग कभी सच्ची भक्ति नहीं कर सकते हैं। जो लोग अपनी जाति, वर्ण और वंश से ऊपर उठकर भक्ति का संकल्प करते हैं वे ही पुरुषार्थी सच्ची भक्ति के अधिकारी बनते हैं।

कबीर आप ठगाइए, और न ठगिए कोय।
आप ठगे सुख ऊपजै, और ठगे दुख होय॥

कबीर कहते हैं कि आप स्वयं ठग जाएँ तो कोई अहित नहीं, लेकिन औरों को न ठगें। भविष्य में इससे आपको सुख मिलेगा; लेकिन औरों को ठगने पर आपको इसके गंभीर परिणाम भुगतने के लिए तैयार रहना चाहिए।

खाय पकाय लुटाय ले, यह मनुवा मिजमान।
लेना हो सो लेइ ले, यही गोय मैदान॥

यह मानव-तन मेहमान के समान है; यहाँ स्वयं ही पकाएँ, खाएँ और लुटाएँ अर्थात् जनसेवा करें। स्मरण रखें, यह जीवन दो दिन का है। संसार के मैदान में शरीर रूपी गेंद पता नहीं कब कहाँ लुढ़क जाए, इसलिए इससे जो भी लाभ चाहें, शीघ्र ले लें।

लेना होय सो जल्द ले, कही-सुनी मत मान।
कही-सुनी जुग-जुग चली, आवागमन बँधान॥

ज्ञान, उपदेश, शिक्षा—यहाँ पे जो भी लेना हो, जल्दी ले लें। कही-सुनी में समय बेकार न गँवाएँ। ये कही-सुनी, टोका-टाकी तो युगों-युगों से चली आ रही है, जो केवल जीवन-मृत्यु के चक्र में बाँधती है।

कहैं कबीर देय तू, जब लग तेरी देह।
देह खेह हो जायगी, कौन कहेगा देह॥

कबीर कहते हैं, जब तक तन में प्राण हैं, दान-पुण्य करते रहो। जब यह शरीर पंच तत्त्व में मिल जाएगा तब यह मौका नहीं मिलेगा। अर्थात् अपनी कमाई में से निश्चित दान-पुण्य का हिस्सा अवश्य निकालें।

गुरु आज्ञा मानै नहीं, चलै अटपटी चाल।
लोक वेद दोनों गए, आए सिर पर काल॥

जो आदमी गुरु की अवज्ञा करता है और गलत मार्ग पर चलता है, वह दुनिया और धर्म दोनों से पतित हो जाता है, फिर उसे घोर कष्ट उठाने पड़ते हैं।

यह मन ताको दीजिए, साँचा सेवक होय।
सिर ऊपर आरा सहै, तऊ न दूजा होय॥

सच्चा ज्ञान केवल उसी को देना चाहिए, जो सच्चा शिष्य या सेवक हो। जिसके सिर पर आरा चलने पर भी गुरु के प्रति गलत भाव जाग्रत् न हो, वही सच्ची शिक्षा का अधिकारी है।

शीलवंत सुर ज्ञान मत, अति उदार चित होय।
लज्जावान अति निछलता, कोमल हिरदा सोय॥

शीलवान और दैवी गुणवाले लोग अति उदार होते हैं। ये लोग विनम्र, निष्कपट और कोमल होते हैं, जो सच्चे शिष्य कहलाते हैं और अपने साथ-साथ जगत् का भी कल्याण करते हैं।

ज्ञानी अभिमानी नहीं, सब काहू सो हेत।
सत्यवान परमारथी, आदर भाव सहेत॥

ऐसे लोग जो ज्ञानी होते हैं, उनको अभिमान छू भी नहीं पाता। वे सभी

से प्रेम करते हैं; सच्चे, परोपकारी और सबका मान-सम्मान करनेवाले होते हैं।

रक्त छाड़ि पय को गहै, ज्यौरे गऊ का बच्छ।
औगुण छाँड़ै गुण गहै, ऐसा साधु लच्छ॥

जैसे बछड़ा अपनी गाय माँ का रक्त छोड़कर केवल दूध पीता है, वैसे ही साधु पुरुष अवगुणों को छोड़कर केवल गुण ग्रहण करते हैं। यही साधुओं के लक्षण हैं।

कमल पत्र हैं साधु जन, बसै जगत के माहिं।
बालक केरि धाय ज्यों, अपना जानत नाहिं॥

साधु जन संसार में रहकर भी मोह-माया से अलग रहते हैं, जैसे कमल का पत्ता कीचड़ में रहकर भी उससे अलग रहता है। जैसे शिशु को पालने वाली धाय उसकी सेवा करती है, उस पर अपना प्यार लुटाती है, परंतु उसे अपना नहीं मानती।

बहता पानी निरमला, बंधा गंदा होय।
साधु जन रमता भला, दाग न लागै कोय॥

जिस प्रकार बहता पानी साफ व स्वच्छ होता है और ठहरा पानी गंदा, उसी प्रकार साधु को भी विचरण करते रहना चाहिए। इससे वह मोह-माया के बंधनों से मुक्त रहता है।

ढोल दमामा गड़फड़ी, सहनाई औ तूर।
तीनों निकसि न बाहुरैं, साधु सती और शूर॥

जैसे ढोल, डुगडुगी, नगाड़ा और शहनाई से निकला स्वर वापस नहीं हो सकता वैसे ही साधु, सती और शूरवीर जो संकल्प कर लेते हैं, फिर उससे पीछे नहीं हटते।

तूटै बरत अकास सों, कौन सकत है झेल।
साधु सती और सूर का, अनी ऊपर का खेल॥

खेल दिखाते नट की रस्सी ऊपर से छूट जाए तो फिर उसे किसी प्रकार

से रोका नहीं जा सकता है। उसी प्रकार साधु, सती और शूरवीरों का संकल्प भी इतना कठिन होता है कि न तो उसे तोड़ा जा सकता है, न उसका मुकाबला किया जा सकता है।

गुरु मूरति गति चंद्रमा, सेवक नैन चकोर।
आठ पहर निरखत रहे, गुरु मूरति की ओर॥

जैसे चकोर पक्षी चंद्रमा को निहारता रहता है, वैसे ही सच्चा सेवक नित्य-प्रति गुरु की भक्ति में रत रहता है।

गुरु मूरति आगे खड़ी, दुविया भेद कछु नाहिं।
उन्हीं कूँ परनाम करि, सकल तिमिर मिटि जाहिं॥

गुरु को साक्षात् ब्रह्म मानो, कोई भेद मत करो फिर संदेह के बादल छँट जाएँगे और ज्ञान-प्रकाश फैल जाएगा।

ज्ञान समागम प्रेम सुख, दया-भक्ति विश्वास।
गुरु सेवा ते पाइए, सद्‌गुरु चरण निवास॥

जो सच्ची गुरु-सेवा करता है उसे ज्ञान, प्रेम, दया, भक्ति और विश्वास के जैसे सद्‌गुण सहज ही प्राप्त हो जाते हैं।

कबीर ते नर अंध है, गुरु को कहते और।
हरि के रूठे ठौर है, गुरु रूठे नहिं ठौर॥

कबीर उन लोगों को नेत्रहीन मानते हैं, जो गुरु को महत्त्वहीन समझते हैं। वे कहते हैं कि भगवान् के रूठने पर स्थान मिल सकता है, लेकिन गुरु के रूठने पर कहीं ठिकाना नहीं मिलता।

तन-मन ताको दीजिए, जाको विषया नाहिं।
आपा सब ही डारि के, राखे साहिब माहिं॥

उसी को अपना गुरु बनाएँ, जो विषय-आसक्तियों से मुक्त हो, जो आपको सच्चा ज्ञान दे सके और अंतर की पहचान करा सके।

साधु बिहंगम सुरसरी, चले बिहंगम चाल।
जो-जो गलियाँ नीकसे, सो-सो करे निहाल॥

सज्जन पुरुष देव नदी गंगा की तरह होते हैं। जैसे गंगा जहाँ-जहाँ से बहती है, वहाँ लोगों को तृप्त करती, सींचती जाती है, वैसे ही साधुजन जिन मार्गों से गुजरते हैं, अपनी ज्ञानवर्षा से जन-कल्याण करते जाते हैं।

चाल बकुल की चली हैं, बहुरि कहावै हंस।
ते मुक्ता कैसे चुगे, पड़े काल के फंस॥

जो लोग बगुले की तरह धूर्त होकर स्वयं को हंस कहते हैं, वे मोती नहीं चुन सकते; क्योंकि वे मोती और कंकर का भेद नहीं कर सकते। चूँकि वे तो स्वयं ही पाखंड में डूबकर जीवन-मृत्यु के बंधन में बँधे पड़े हैं।

माला तिलक लगाय के, भक्ति न आई हाथ।
दाढ़ी-मूँछ मुँड़ाय के, चले दुनी के साथ॥

माला पहन लेने और तिलक लगा लेने से कोई साधु नहीं बन जाता। और दाढ़ी-मूँछ कटवाकर दुनिया के साथ चलने से भी मुक्ति नहीं मिलती। मुक्ति और भक्ति आत्मसंयम से जागती है।

मन मैला तन ऊजरा, बगुला कपटी अंग।
तासों तो कौवा भला, तन-मन एकहि अंग॥

जिनका मन काला और शरीर उजला हो, वे बगुले के समान कपटी और खतरनाक होते हैं। ऐसे लोगों से तो कौआ अच्छा होता है, जो बाहर-भीतर दोनों तरफ से काला होता है।

आया प्रेम कहाँ गया, देखा था सब कोय।
छिन रोवै छिन में हँसै, सो तो प्रेम न होय॥

प्रेम पैदा होकर फौरन लुप्त हो जाए तो वह अस्थायी होता है। प्रेम में क्षण में खुश होना और क्षण में आँसू बहाना अपने आपको छलना है। इसे प्रेम नहीं कहा जा सकता।

जा घट प्रेम न संचरै, सो घट जानु मसान।
जैसे खाल लुहार की, साँस लेत बिन प्रान॥

जिस व्यक्ति के मन में प्रेम नहीं होता, उसका शरीर श्मशान के समान होता है। जैसे मृत पशु की खाल से बनी धौंकनी बिना प्राण के साँस लेती है।

गोता मारा सिंधु में, मोती लाए पैठि।
वह क्या मोती पाएँगे, रहे किनारे बैठि॥

जो सागर में गोता लगाने का साहस रखता है, वही मोती पा सकता है। किनारे पर बैठा रहनेवाला कभी मोती नहीं पा सकता। अर्थात् प्रेम का सागर बहुत गहरा और अबूझ होता है। साहसी ही इसमें कूद लगा सकते हैं और प्रेम रूपी मोती पा सकते हैं।

अधिक सनेही माछरी, दूजा अलप सनेह।
जब ही जलते बीछुरै, तब ही त्यागै देह॥

मछली का जल से गहरा स्नेह होता है, इसके आगे सारे प्रेम-स्नेह बौने हैं। जल से अलग होते ही मछली अपने प्राण त्याग देती है। सच्चे प्रेमी भी ऐसे ही होते हैं।

जब मैं था तब गुरु नहीं, अब गुरु हैं मैं नाहिं।
प्रेम गली अति साँकरी, तामें दो न समाँहि॥

जब मुझमें अहंकार और अन्य विकार भरे थे तब हृदय में गुरु का वास नहीं था, अब केवल गुरु हैं, बाकी विकार नष्ट हो गए हैं। प्रेम की गली इतनी सँकरी है कि इसमें दो चीजें नहीं समा सकतीं। अर्थात् निश्छल प्रेम से गुरु और शिष्य एकाकार हो गए हैं।

काल करे सो आज कर, आज करै सो अब।
पल में परलय होयगी, बहुरि करैगो कब॥

कल के सारे काम आज कर लो और आज के अभी, क्योंकि समय का कोई भरोसा नहीं है, पता नहीं कब प्रलय हो जाए। इसलिए शुभ काम को आज-कल पर मत टालो, फौरन कर डालो।

ऊँचा महल चुनाइया, सुबरन कली ढुलाय।
वे मंदिर खाली पड़े, रहै मसाना जाय॥

रहने के लिए आलीशान महल बनवाए। उनकी अच्छी सजावट करवाई, लेकिन वे सबके सब खाली हो गए और महलवासी श्मशान में जाकर बस गए। अर्थात् काल से कोई नहीं बच सकता।

पकी खेती देखि के, गरब किया किसान।
अजहूँ झोला बहुत है, घर आवै तब जान॥

फसल पक जाने पर किसान बहुत खुश होता है। उसे अपनी मेहनत पर बहुत गर्व होता है। लेकिन उसे पता नहीं होता कि उसके घर आने तक बहुत सी मुश्किलें आती हैं। समय का कोई भरोसा नहीं, पता नहीं कब काल आ जाए।

हाड़ जले लकड़ी जले, जले जलावन हार।
कौतिक हारा भी जले, कासों करूँ पुकार॥

श्मशान में हड्डियाँ जल जाती हैं, लकड़ियाँ जल जाती हैं और एक दिन उन्हें जलानेवाला भी जल जाता है। जो दाह-कर्म को देखता है, वह भी जल मरता है। फिर कहाँ पुकार को जाए? अर्थात् मृत्यु से कोई नहीं बच सकता। वह अटल है।

मौत बिसारी बावरी, अचरज कीया कौन।
तन माटी में मिल गया, ज्यौं आटा में लौन॥

वे पागल लोग हैं, जो मृत्यु को भूल जाते हैं और जब यह आती है तो अचंभे में पड़ जाते हैं। अरे लोगो! मौत आने पर यह शरीर वैसे ही मिट्‌टी में मिल जाता है जैसे आटे में नमक।

गुरु गोविंद दोउ एक हैं, दूजा सब आकार।
आपा मेटैं हरि भजैं, तब पावैं दीदार॥

गुरु और गोविंद यानी भगवान् में कोई अंतर नहीं है। हम सच्ची लगन, सच्ची भक्ति और सच्चे समर्पण से गुरु में भी भगवान् के दर्शन पा सकते हैं।

गुरु गोविंद दोऊ खड़े, काके लागूँ पाँय।
बलिहारी गुरु आपने, गोविंद दियो बताय॥

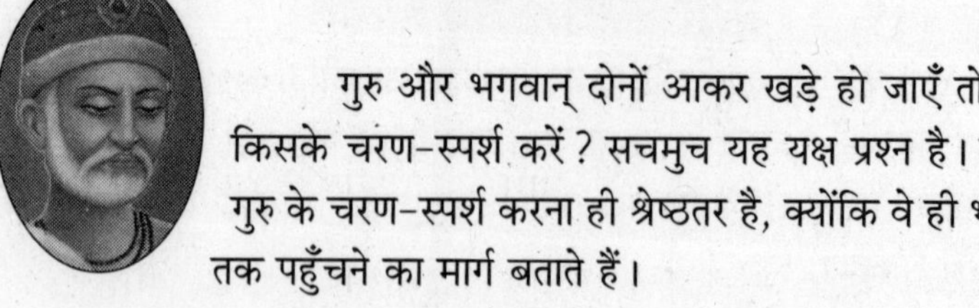

गुरु और भगवान् दोनों आकर खड़े हो जाएँ तो पहले किसके चरण-स्पर्श करें? सचमुच यह यक्ष प्रश्न है। लेकिन गुरु के चरण-स्पर्श करना ही श्रेष्ठतर है, क्योंकि वे ही भगवान् तक पहुँचने का मार्ग बताते हैं।

गुरु नारायन रूप है, गुरु ज्ञान को घाट।
सतगुरु बचन प्रताप सों, मन के मिटे उचाट॥

गुरु साक्षात् नारायण भगवान् के समान हैं, क्योंकि वे अपने ज्ञान से हमारे सारे संदेहों का निवारण कर देते हैं।

गुरु बिन ज्ञान न ऊपजै, गुरु बिन मिलै न मोक्ष।
गुरु बिन लखै न सत्य को, गुरु बिन मिटै न दोष॥

गुरु ही ज्ञान, मोक्ष और सत्य के प्रदर्शक हैं और दोषों का निराकरण करने में सर्व-सक्षम हैं।

कबीर सोई दिन भला, जा दिन साधु मिलाय।
अंक भरे भरि भेटिए, पाप शरीरा जाय॥

जिस दिन किसी संत-सज्जन से भेंट हो जाए वह दिन बड़ा अच्छा होता है। कबीर कहते हैं, ऐसे में उस संत का खुले दिल से स्वागत करना चाहिए, जिसके आगमन से तन-मन के सभी दोष शांत हो जाते हैं।

दरशन कीजै साधु का, दिन में कइ-कइ बार।
असोजा का मेल ज्यों, बहुत करे उपकार॥

जब भी अवसर मिले, साधुजन के दर्शन करने का सौभाग्य प्राप्त करें। जैसे आश्विन मास की वर्षा फसल के लिए बहुत अच्छी होती है वैसे ही सज्जनों के दर्शन परम हितकारी होते हैं।

दोय बखत नहिं करि सके, दिन में करु इक बार।
कबीर साधु दरश ते, उतरे भौजल पार॥

कबीर कहते हैं, दो बार नहीं तो एक ही बार साधु के दर्शन करें। इससे भवसागर पार उतरने का मार्ग खुल जाता है।

दूजे दिन नहिं करि सके, तीजे दिन करु जाय।
कबीर साधु दरश ते, मोझ मुक्ति फल पाय॥

अगर दर्शन दूसरे दिन न कर सकें तो तीसरे दिन करें। कबीर कहते हैं, साधु के दर्शन से मोक्षदायक फल प्राप्त होता है।

बार-बार नहिं करि सके, पाख-पाख करि लेय।
कहैं कबीर सो भक्त जन, जन्म सुफल करि लेय॥

कबीर कहते हैं, जिन्हें साधु-दर्शन नित्य न हो पाते हों, वे पंद्रह दिन में एक बार कर लें, लेकिन करें अवश्य। इस प्रकार वे अपने जीवन को भक्ति मार्ग पर आगे बढ़ा सकते हैं।

कहैं कबीर तजि भरम को, नन्हा ह्वै कर पीव।
तजि अहं गुरु चरण गहु, जम्सों बाचै जीव॥

सभी संदेह त्यागकर बच्चे बनें और ज्ञान रूपी दुग्ध का पान करें, तभी यम रूप कष्ट दूर होगा—जब आप सच्चे मन से गुरु की शरण लेंगे।

अबुध सुबुध सुत मातु पितु, सबहिं करै प्रतिपाल।
अपनी ओर निबाहिए, सिख सुत गहि निज चाल॥

पुत्र कैसा भी हो—मूर्ख या गुणी—माता-पिता उसका लालन-पालन करते हैं। उसी प्रकार गुरु भी पुत्र की भाँति अपने शिष्य का निर्वहन करते हैं।

सुनिए संतों साधु मिलि, कहहिं कबीर बुझाय।
जेहि विधि गुरु सों प्रीति ह्वै, कीजै सोई उपाय॥

लोगो! किसी भी प्रकार से गुरु को प्रसन्न रखें। क्योंकि वे ही जीवन को सन्मार्ग पर आगे बढ़ाने का उपाय बता सकते हैं।

सतगुरु महिमा अनंत है, अनंत किया उपकार।
लोचन अनंत उघारिया, अनंत दिखावन हार॥

सतगुरु की महिमा और उपकार अनंत हैं। वे ही हमारे नेत्रों में इतनी दूरदृष्टि भर देते हैं कि हमें ईश्वर के दर्शन हो जाते हैं।

सतगुरु मेरा शूरमा, तकि-तकि मारै तीर।
लागे पन भागे नहीं, ऐसा दास कबीर॥

सतगुरु सच्चे वीर होते हैं, जो हमारे अज्ञान के विष पर ज्ञान के तीर मारते हैं और हमें चंगा करते हैं। कबीर कहते हैं कि शिष्य को इन वारों को प्रेमपूर्वक झेलना चाहिए, भागना नहीं चाहिए।

गुरवा तो सस्ता भया, पैसा केर पचास।
राम नाम धन बेचि के, शिष्य करन की आस॥

सस्ते और पैसों में बिकनेवाले गुरु गली-गली मिलते हैं, जो राम नाम का धन पैसों में बेचते फिरते हैं। ऐसे झूठे गुरु से बचना चाहिए, क्यों ये यथार्थ ज्ञान से कोसों दूर होते हैं।

भेदी लीया साथ करि, दीन्हा वस्तु लखाय।
कोटि जनम का पंथ था, पल में पहुँचा जाय॥

ज्ञानी गुरु ही गुप्त ज्ञान का मार्गदर्शन करा सकता है। वही करोड़ों जन्मों के मार्ग को हमें पल भर में दिखला सकता है। अर्थात् सच्चा गुरु ही कल्याणकारी है।

कहता हूँ कहि जात हूँ, देता हूँ हेला।
गुरु की करनी गुरु जाने, चेला की चेला॥

कबीरदासजी लोगों को चेताते हुए कहते हैं, अपनी करनी का फल हमें स्वयं भोगना पड़ता है। गुरु की करनी गुरु भोगेंगे और शिष्य की करनी शिष्य।

बंधे को बंधा मिला, छूटे कौन उपाय।
कर सेवा निरबंध की, पल में लेत छुड़ाय॥

जो स्वयं ही बंधन में पड़ा हो, उसे दूसरा बँधा मिला जाए तो दोनों ही बँध जाते हैं। इसलिए बंधनमुक्त गुरु की सेवा से ही मुक्ति पाई जा सकती है।

ऐसा कोई ना मिला, हमको दे उपदेश।
भवसागर में डूबते, कर गहि काढ़े केश॥

कबीर कहते हैं, इस संसार में हमें ऐसा कोई नहीं मिला, जो हमें उपदेश

देकर जीवन-मृत्यु के चक्र से बचा सके, अर्थात् ऐसे सद्गुरु विरले ही ढूँढ़े मिलते हैं।

कबीर नवै सो आपको, पर को नवै न कोय।
घालि तराजू तौलिए, नवै सो भारी होय॥

कबीर कहते हैं, कोई व्यक्ति शील और विनम्रता के गुणों के साथ किसी के सामने झुकता है तो उसी का आदर होता है। जैसे तराजू का जो पलड़ा नीचे झुक जाता है, वही वजनी कहलाता है।

नीचै-नीचै सब तिरै, संत चरण लौ लीन।
जातिहि के अभिमान ते, बूड़े सकल कुलीन॥

जो गरीब या अमीर लोग संत-महात्माओं के चरणों में ध्यान लगा लेते हैं, वे भवसागर से मुक्त हो जाते हैं। लेकिन जो उच्च वंशी लोग अपनी जाति और वंश के अभिमान में डूबकर संतों की शरण नहीं लेते, वे जीवन-मृत्यु के चक्र में फँसे रहते हैं।

कबीर सबते हम बुरे, हमते भल सब कोय।
जिन ऐसा करि बूझिया, मीत हमारा सोय॥

कबीर कहते हैं, दुनिया में हम सबसे बुरे हैं, बाकी सब लोग हमसे अच्छे हैं। जो समझ-बूझकर ऐसा निर्णय करता है, वही हमारा मित्र है।

मिसरी बिखरी रेत में, हस्ती चुनी न जाय।
कीड़ी ह्वै करि सब चुनै, तब साहिब कूँ पाय॥

रेत में चीनी के कण बिखरे हों तो हाथी जैसा विशाल प्राणी उन्हें नहीं चुन सकता। लेकिन छोटी सी चींटी उन्हें चुग लेती है। इसी प्रकार अपने अभिमान और धन-दौलत के गर्व को त्यागकर दीनता से छोटे होकर ही ईश्वर को पाया जा सकता है।

लागी-लागी क्या करै, लागत रही लगार।
लागी तबही जानिए, निकसी जाय दुसार॥

'लग गई, लग गई' सब कहते हैं, लेकिन जीवन में ऐसी न जाने कितनी

ठोकरें लगती रहती हैं। लेकिन असली ठोकर उसे ही जानिए, जिससे मन और शरीर के सारे विकार निकल जाएँ। अर्थात् सद्‌गुरु के ज्ञान की ठोकर खाएँ, जिससे जीवन निर्मल हो जाए।

हरिजन सोई जानिए, जिह्वा कहैं न मार।
आठ पहर चितवन रहै, गुरु का ज्ञान विचार॥

सच्चा प्रभु-भक्त उसी को मानिए, जो मुँह से भी हिंसापूर्ण कोई शब्द न कहे, जैसे—मारो; बल्कि दिन के आठों प्रहर गुरु-ज्ञान की बातों का चिंतन करता रहे।

कुटिल वचन सबसे बुरा, जारि करै सब छार।
साधु वचन जल रूप है, बरसै अमृत धार॥

कुटिल शब्द बड़े कष्टपूर्ण होते हैं, जो शरीर को जलाकर राख कर देते हैं। लेकिन संत-महात्माओं के मीठे वचन शीतल जल की भाँति होते हैं, जो अमृत धारा बरसाकर सबका मन शांत कर देते हैं।

कुटिल बचन नहिं बोलिए, शीतल बैन ले चीन्हि।
गंगाजल शीतल भया, परबत फोड़ा तीन्हि॥

कभी भी कुटिल और कठोर शब्द मत बोलिए। हमेशा सोच-विचार कर विवेकपूर्ण शब्दों का उच्चारण कीजिए। जैसे शीतल-निर्मल गंगा का जल कठोर पर्वत को तोड़-फोड़कर भी मार्ग बना लेता है वैसे ही मीठी वाणी बोलकर कठोर लोगों के भी मन बदले जा सकते हैं।

ज्यौं कोरी रेजा बुनै, नीरा आवै छोर।
ऐसा लेखा मीच का, दौरि सके तो दौर॥

जैसे-जैसे जुलाहा कपड़ा बुनता जाता है, धागा कम होता जाता है और उसका छोर पास आता जाता है। ऐसे ही मृत्यु भी पल-पल पास आती जाती है। तुम जितना दौड़ सकते हो, दौड़ो। अर्थात् जितना प्रभु में मन लगाओ उतना ही अच्छा है।

मैं मेरी तू जनि करै, मेरी मूल विनासि।
मेरी पग का पैखड़ा, मेरी गल की फाँसि॥

मैं और मेरा मत कर इनसान, यह विनाश के मूल हैं। मैं और मेरी की भावना पैरों में बेड़ियों और गले में फाँसी के समान है।

नान्हा कातौ चित्त दे, महँगे मोल बिकाय।
ग्राहक राजा राम है, और न नीरा जाय॥

मन लगाकर बारीक सूत कातो, वह अच्छे दामों पर बिकेगा—और उसका ग्राहक भी कोई मामूली आदमी नहीं, राजा राम होंगे, जो उस बुनकर का कल्याण कर देंगे।

तन सराय मन पाहरू, मनसा उतरी आय।
को काहू का है नहीं, देखा ठोंकि बजाय॥

यह तन सराय या धर्मशाला की तरह है, मन उसका पहरेदार है, जिसमें इच्छा रूपी मेहमान का ठिकाना है। कबीर कहते हैं कि सबको जाँच-परखकर देख लिया है, यहाँ कोई किसी का नहीं है। सब रिश्ते क्षणिक हैं।

जो है जाका भावता, जब-तब मिलिहैं आय।
तन-मन ताको सौंपिए, जो कबहुँ न छाँड़ि जाय॥

जो जिसको पसंद करता है, वह समय-समय पर आकर उससे मिलता रहता है, लेकिन अपना तन और मन उसको अर्पित करना चाहिए; जो सदा आपके पास रहे, आपको कभी न छोड़े।

जल में बसे कुमोदिनी, चंदा बसे अकास।
जो है जाका भावता, सो ताही के पास॥

कमलिनी जल में रहती है और जिसके प्रकाश से वह खिलती है उसका वह प्रेमी दूर आकाश में रहता है; लेकिन प्रेमियों के बीच यह दूरी कोई मायने नहीं रखती। सच्चा प्रेम आत्मिक होता है, जो सदा पास रहता है।

आगि आँचि सहना सुगम, सुगम खड़ग की धार।
नेह निबाहन एक रस, महा कठिन ब्यौहार॥

अग्नि का ताप सहा जा सकता है, तलवार की धार पर भी चला जा

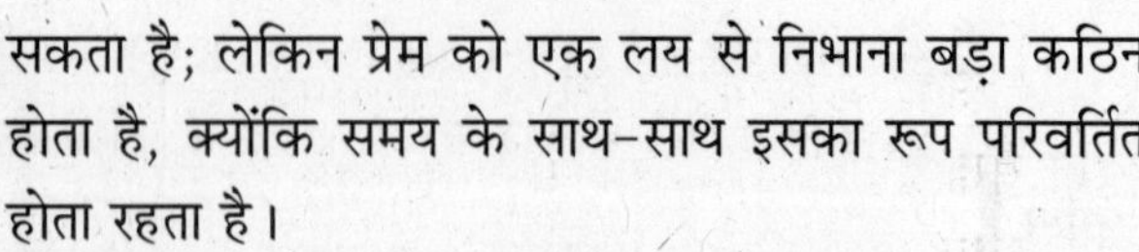

सकता है; लेकिन प्रेम को एक लय से निभाना बड़ा कठिन होता है, क्योंकि समय के साथ-साथ इसका रूप परिवर्तित होता रहता है।

प्रीति पुरानि न होत है, जो उत्तम से लाग।
सवो बरसाँ जल में रहै, पत्थर न छोड़े आग॥

सद्गुणी से किया गया प्रेम कभी पुराना नहीं पड़ता, अर्थात् उसमें कभी कमी नहीं आती है, जैसे पत्थर सौ वर्षों तक भी जल में पड़ा रहे तो भी उसकी भीतरी आग नहीं बुझती। उसे दूसरे पत्थर से रगड़ो तो चिंगारी पैदा होगी ही।

हाँसी खेल हराम है, जो जन रमते राम।
माया मंदिर इस्तरी, नहीं साधु का काम॥

जिसका मन राम नाम में रमा हो, उसके लिए हँसी-खेल और मनोरंजन की वस्तुएँ हराम हैं। इसी प्रकार मोह-माया, स्त्री का सौंदर्य और मंदिर में देव-दर्शन आदि भी साधुओं के लिए व्यर्थ के आकर्षण हैं।

सब वन तो चंदन नहीं, शूरा के दल नाहिं।
सब समुद्र मोती नहीं, यों साधु जग माहिं॥

संसार के सारे वन चंदन के नहीं हो सकते, सभी शूरवीर नहीं हो सकते और सभी समुद्र मोती से भरे नहीं हो सकते; इसी प्रकार सभी साधु ज्ञानवान् नहीं हो सकते।

कबीर हमारा कोई नहिं, हम काहू के नाहिं।
पारै पहुँची नाव ज्यौं, मिलिके बिछुरी जाहिं॥

कबीरदासजी कहते हैं कि न तो हम किसी के हैं, न कोई हमारा। जैसे नाव में बैठे लोग किनारे पर पहुँचते ही एक-दूसरे से बिछुड़ जाते हैं, वैसे ही मोह-माया का यह बंधन क्षणिक होता है। एक-न-एक दिन सभी को बिछड़ना है।

संत समागम परम सुख, जान अल्प सुख और।
मानसरोवर हंस है, बगुला ठौरे ठौर॥

संतों के बीच ज्ञान की बातों में समय बिताना सबसे बड़ा सुख है। इसके अलावा सभी सुखहीन हैं। स्मरण रखें, हंस केवल मानसरोवर में मिलते हैं और बगुले तो गली-गली देखे जा सकते हैं। अर्थात् ज्ञानीजन कठिनाई से मिलते हैं और उनके साथ बिताया समय अमूल्य होता है।

जैसा ढूँढ़त मैं फिरूँ, तैसा मिला न कोय।
ततवेता तिरगुन रहित, निरगुन सों रत होय॥

जैसा सद्गुरु मैं चाहता हूँ, वैसा ढूँढ़े नहीं मिलता जो तत्त्ववेत्ता और सत्, रज व तम गुणों से रहित और निर्गुण हो। अर्थात् सच्चा आध्यात्मिक गुरु ही तारणहार हो सकता है।

गुरु बिन माला फेरते, गुरु बिन देते दान।
गुरु बिन सब निष्फल गया, पूछौ वेद पुरान॥

बिना गुरु के माला जप, दान-पुण्य, हवन आदि सब व्यर्थ होता है, यही वेद और पुराण आदि ग्रंथों में भी कहा गया है।

कबीर गुरु की भक्ति बिनु, राजा रासभ होय।
माटी लदै कुम्हार की, घास न डारै कोय॥

कबीर कहते हैं कि गुरु की भक्ति के बिना राजा भी मरकर गधे की योनि में जन्म लेता है। उसे बोझा ढोना पड़ता है और भरपेट घास भी नहीं मिलती।

कबीर हृदय कठोर के, शब्द न लागै सार।
सुधि-बुधि के हिरदै विधे, उपजे ज्ञान विचार॥

कबीर कहते हैं, जैसे पत्थर पर वर्षा का प्रभाव नहीं होता वैसे ही कठोर हृदय पर उपदेश का प्रभाव नहीं होता। विवेकशील लोग ही उपदेश को अपने हृदय में ही ठहराता है।

गुरु सों ज्ञान जु लीजिए, सीस दीजिए दान।
बहुतक भोंदू बहि गए, राखि जीव अभिमान॥

गुरु से ज्ञान पाने के लिए अपना सिर भी काटकर अर्पित कर दिया जाए

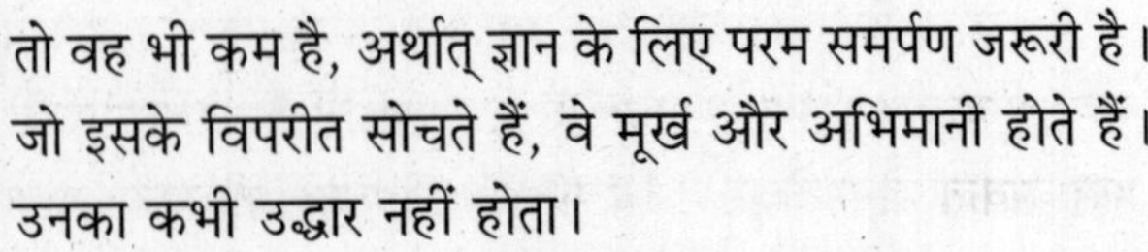

तो वह भी कम है, अर्थात् ज्ञान के लिए परम समर्पण जरूरी है। जो इसके विपरीत सोचते हैं, वे मूर्ख और अभिमानी होते हैं। उनका कभी उद्धार नहीं होता।

गुरु समाने दाता नहीं, याचक सीष समान।
तीन लोक की संपदा, सो गुरु दीन्हीं दान॥

गुरु के समान कोई दाता या दानी नहीं होता और शिष्य के समान याचक या माँगनेवाला। गुरु ही वे महान् आत्मा होते हैं, जो शिष्य को ज्ञान रूपी तीनों लोकों की संपदा माँगने पर ही दान में दे देते हैं।

गुरु की आज्ञा आवई, गुरु की आज्ञा जाय।
कहैं कबीर सो संत है, आवागवन नसाय॥

कबीरदासजी कहते हैं कि जो शिष्य समर्पित भाव से गुरु की प्रत्येक आज्ञा का पालन करता है, वह आवागमन के चक्र से छूटकर मोक्ष पा लेता है।

पाछे लागे जाय था, लोक वेद के साथ।
पैंड़े में सतगुरु मिले, दीपक दीन्हो हाथ॥

लोग परंपराओं के पीछे अंधे होकर भाग रहे थे, लेकिन जैसे ही सद्गुरु का साथ मिला, अंतर में उजाला भर गया।

जेहि खोजत ब्रह्मा थके, सुर-नर-मुनि अरु देव।
कहैं कबीर सुन साधवा, करु सतगुरु की सेव॥

जिसे ब्रह्मा, देवता, मनुष्य और ऋषि-मुनि खोजते-खोजते थक गए, लेकिन पा नहीं सके। कबीर कहते हैं, उस मोक्ष को सद्गुरु की सेवा करके सहजता से पाया जा सकता है।

जग में युक्ति अनूप है, साधु संग गुरु ज्ञान।
तामे निपट अनूप है, सतगुरु लागा कान॥

दुःख और कष्टों से मुक्ति के लिए संसार में लोग संत-महात्माओं और गुरु के ज्ञान का आश्रय लेते हैं; लेकिन उससे भी अच्छी युक्ति यह है कि किसी सद्गुरु की वाणी पर ध्यान दिया जाए।

कबीर समुझा कहत है, पानी थाह बताय।
ताकूँ सतगुरु का करे, जो औघट डूबे जाय॥

कबीर कहते हैं कि कोई जानकार ही पानी की गहराई बता सकता है; फिर भी, यदि हम उसकी बात पर कान न देकर वहाँ डूब मरें तो इसमें उसका कोई दोष नहीं है। इसी प्रकार सद्गुरु की सीख को ठुकराकर गलत राह पकड़ ली जाए तो कोई कुछ नहीं कर सकता।

मारग चलते जो गिरै, ताको नाहीं दोस।
कहैं कबीर बैठा रहै, ता सिर करड़ै कोस॥

जो सन्मार्ग पर चलते हुए, विकारों से घिर भी जाए तो उसे कोई दोष नहीं लगता। लेकिन कबीर कहते हैं, जिसने चलना ही आरंभ न किया हो उसके ऊपर तो जो लंबी दूरी उसे तय करनी है, उसका दोष आ पड़ता है।

जब तू आया जगत में, लोग हँसे तू रोय।
ऐसी करनी ना करो, पीछे हँसे सब कोय॥

जब तू इस संसार में आया तो तू रोता था, लेकिन लोगों ने खूब खुशियाँ मनाईं। अब जगत् में ऐसी करनी मत करना कि तेरे बाद पीछे से लोग तेरी हँसी उड़ाएँ।

कैसा भी सामर्थ्य हो, बिन उद्यम दुख पाय।
निकट असन बिन कर चले, कैसे मुख में जाय॥

मनुष्य चाहे जितना समर्थ और शक्तिवान् हो, बिना मेहनत के उसे दुःख के सिवा कुछ हासिल नहीं होता। जैसे सामने थाली में रखा भोजन बिना हाथ चलाए मुँह में नहीं जाता।

श्रम ही ते सब होत है, जो मन राखे धीर।
श्रम ते खोदत कूप ज्यों, थल में प्रगटै नीर॥

मेहनत से मुश्किल कामों को भी किया जा सकता है, बस धैर्यपूर्वक अपने काम में लगे रहें। जैसे मेहनत से कुआँ खोदने पर कठोर धरती से भी कोमल-शीतल जल निकल आता है।

साँचे कोइ न पतियई, झूठै जग पतियाय।
गली-गली गोरस फिरै, मदिरा बैठ बिकाय॥

सच्चाई पर कोई जल्दी विश्वास नहीं करता और झूठ आग की तरह शहर में फैल जाता है। जैसे दूध-दही को गली-मुहल्लों में घूम-घूमकर बेचना पड़ता है और शराब दुकान पर रखी-रखी ही बिक जाती है।

साँचे को साँचा मिलै, अधिका बढ़ै सनेह।
झूठे को साँचा मिले, तड़ दे टूटे नेह॥

सत्य-मार्ग पर चलनेवाले व्यक्ति को कोई उसी जैसा सच्चा मिलता है तो दोनों में जल्दी ही प्रेम और विश्वास पैदा हो जाते हैं। इसके विपरीत झूठे व्यक्ति को कोई सच्चा व्यक्ति मिलता है तो उनका प्रेम क्षण भर में टूट जाता है।

साँच हुआ तो क्या हुआ, नाम न साँचा जान।
साँचा होय साँचा मिलै, साँचै माँहि समान॥

केवल सत्यज्ञान का आचरण करने से कल्याण नहीं होता, पहले प्रभु भक्ति के सच्चे मार्ग को जीवन में उतारें। जब इस प्रकार सच्चा ज्ञान होता है तो व्यक्ति सत्य में समाकर साक्षात् सत्य के समान हो जाता है।

कबीर लज्जा लोक की, बोलै नाहीं साँच।
जानि-बूझि कंचन तजै, क्यों तू पकड़े काँच॥

कबीर कहते हैं, लोक-लाज के भय से भी सत्य का दामन कभी नहीं छोड़ना चाहिए। इस प्रकार जान-बूझकर सत्य-स्वर्ण को छोड़कर झूठे काँच को क्यों ग्रहण करते हो।

कंचन केवल हरि भजन, दूजा काँच कथीर।
झूठा आल जंजाल तजि, पकड़ा साँच कबीर॥

जगत् में केवल प्रभु-भक्ति ही स्वर्ण के समान है, दूसरे सारे कर्म काँच-कंकड़ हैं। इसलिए कबीर कहते हैं, दुनिया के सभी झूठे बंधनों को छोड़कर सच्चे प्रभु का दामन थाम लो।

आचारी सब जग मिला, बीचारी नहिं कोय।
जाके हिरदै गुरु नहीं, जिया अकारथ सोय॥

इस संसार में आचारवान् तो बहुत से लोग मिल जाते हैं, लेकिन विचारवान् बहुत कम मिलते हैं। इनमें भी जिनके हृदय में सद्गुरु के सत्यज्ञान के विचार नहीं होते, उनका तो जीवन ही निरर्थक है।

कहत-सुनत जग जात हैं, विषय न सूझे काल।
कहैं कबीर सुन प्रानिया, साहिब नाम सम्हाल॥

सांसारिक लोग विषय-वासनाओं का भोग कर रहे हैं। उन्हें सामने खड़ा काल नहीं दिख रहा। कबीर कहते हैं—हे प्राणी! प्रभु का स्मरण कर, वही तुझे मुक्त करेगा।

महलन माँहीं पौढ़ते, परिमल अंग लगाय।
ते सपने दीसे नहीं, देखत गए बिलाय॥

जो लोग इत्र-फुलेल आदि सुगंधों को लगाकर महलों के सुख भोगते थे, आज सपनों में भी नहीं दिखते। देखते-ही-देखते वे सब मृत्यु की गोद में समा गए। अर्थात् मृत्यु अटल है, सुख-वैभव क्षणिक हैं, इनसे बचना चाहिए।

जंगल ढेरी राख की, उपरि-उपरि हरियाय।
ते भी होते मानवी, करते रँगरलियाय॥

जंगल में शव जलाने के बाद राख के ढेर पर कुछ दिनों बाद हरी घास-पात उग आती है। ये वही मनुष्य होते हैं, जो कुछ दिन पहले तक रास-रंग में डूबे थे, अब घास-पात बने हैं। इसलिए जीवन की मुक्ति के लिए भक्ति-रस का पान करो।

जिसको रहना उतघरा, सो क्यों जोड़े मित्त।
जैसे पर घर पाहुना, रहे उठाए चित्त॥

जिसको मुक्ति पानी है, उसे संसार में मित्र-संबंधी नहीं बनाने चाहिए। जैसे घर पर रहकर कोई मेहमान सारे सुखों का उपभोग करता है, लेकिन उनका मोह नहीं पालता।

आए हैं ते जाएँगे, राजा-रंक फकीर।
एक सिंहासन चढ़ि चले, एक बँधे जंजीर॥

संसार में जो भी आया है, उसे एक-न-एक दिन जाना है, चाहे वह राजा हो या रंक (निर्धन), इसमें जो सत्कर्म करता है वह सिंहासन पर सवार होकर जाता है और जो बुरे कर्म करता है, वह नरक की बेड़ियों में जकड़कर ले जाया जाता है।

तू मति जाने बावरे, मेरा है सब कोय।
प्रान पिंड सो बँधि रहा, सो नहिं अपना होय॥

अरे नाराद! तू यह मत समझ कि यहाँ सब तेरे हैं। जिस जीव से यह शरीर चलायमान है, यहाँ तक कि वह भी तो अपना नहीं है। एक दिन वह भी तुझे छोड़ जाएगा।

दीन गँवायो दूनि संग, दुनी न चाली साथ।
पाव कुल्हाड़ी मारिया, मूरख अपने हाथ॥

तूने अपना अमूल्य समय दुनिया के साथ गँवा दिया; अंत समय में उसने भी तेरा साथ छोड़ दिया। कैसी मूर्खता की ? खुद ही अपने पैरों पर कुल्हाड़ी मार ली।

कालचक्र चक्की चलै, बहुत दिवस और रात।
सगुन-अगुन दोय पाटला, तामें जीव पिसात॥

कालचक्र चक्की के समान लगातार दिन-रात घूम रहा है। इसके सगुण और निर्गुण दो पाटले हैं, जिसमें कर्मानुसार जीव पिसते रहते हैं।

भय बिन भाव न ऊपजै, भय बिनु होय न प्रीति।
जब हिरदे से भय गया, मिटी सकल रस रीति॥

भय के बिना मन में दुःख-सुख आदि के भाव और प्रीति रस की उत्पत्ति नहीं होती। मन से भय के निकलते ही सारा प्रेम-भाव समाप्त हो जाता है।

दुःख में सुमिरन सब करै, सुख में करै न कोय।
जो सुख में सुमिरन करै, तो दुःख काहे को होय॥

प्रभु को दुःख पड़ने पर ही याद किया जाता है। सुख में सब मोह-माया

में डूबे रहते हैं। यदि सुख में भी ईश्वर को याद किया जाए तो दुःख निकट आएँ ही नहीं। इसलिए सुख-दुःख में ईश्वर को समान रूप से याद करना चाहिए।

तू-तू करता तू भया, तुझमें रहा समाय।
तुझ माँहिं मन मिलि रहा, अब कहुँ अनत न जाय॥

हे प्रभु! तुझे स्मरण करते हुए मैं तेरे ही जैसा होकर तुझमें समा गया हूँ। मेरा मन भी तुझमें समाहित हो गया है और इसका भटकाव भी समाप्त हो गया है।

साँस साँस पर नाम ले, वृथा साँस मति खोय।
न जाने इस साँस का, आवन होय न होय॥

हर साँस के साथ प्रभु का स्मरण करो। इन्हें व्यर्थ मत जाने दो। पता नहीं कब यह साँस रुक जाए और जीवन समाप्त हो जाए। इसलिए हर समय प्रभु-स्मरण करते रहो।

कहा भरोसा देह का, बिनसि जाय छिन माँहि।
साँस साँस सुमिरन करो, और जतन कछु नाँहि॥

मिट्टी के इस शरीर का कोई भरोसा नहीं है, पता नहीं कब यह हमें छोड़कर चल दे। इसलिए हर साँस के साथ राम-नाम का स्मरण करो। मुक्ति का यही एकमात्र उपाय है।

जाकी पूँजी साँस है, छिन आवै छिन जाय।
ताको ऐसा चाहिए, रहे नाम लौ लाय॥

जिसकी एकमात्र संपत्ति साँस है, जो एक क्षण में आती है, एक क्षण में जाती है, उसे तो ऐसा प्रयास करना चाहिए कि वह सतत राम-नाम के भजन-चिंतन-मनन और स्मरण में लगा रहे। इसी में उसका कल्याण है।

माला फेरत जुग गया, मिटा न मन का फेर।
कर का मनका डारि दे, मन का मनका फेर॥

हे मनुष्य! माला फेरते हुए तुमने कई युग बिता दिए, लेकिन मन के

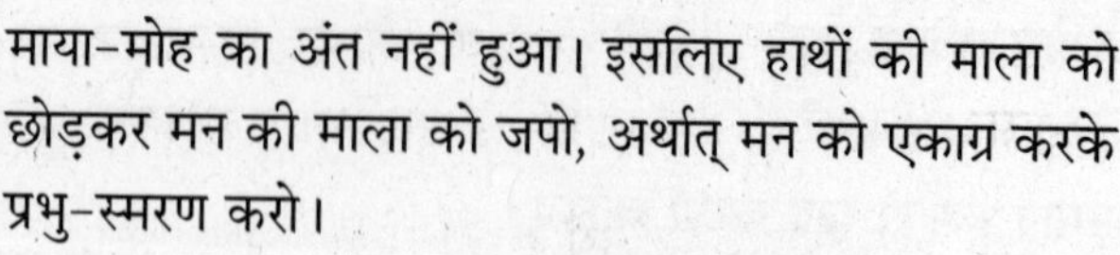

माया-मोह का अंत नहीं हुआ। इसलिए हाथों की माला को छोड़कर मन की माला को जपो, अर्थात् मन को एकाग्र करके प्रभु-स्मरण करो।

माला फेरै कह भयो, हिरदा गाँठि न खोय।
गुरु चरनन चित राखिए, तो अमरापुर जोय॥

केवल माला फेरने से कुछ नहीं होगा बंधु, पहले अपने मन की गाँठें खोलो, इसकी मलिनता और दोषों को दूर करो। फिर निर्मल मन से स्वयं को गुरु को अर्पित करो तो अमर धाम के द्वार तुम्हारे लिए स्वतः खुल जाएँगे।

तन थिर मन थिर बचन थिर, सुरति निरति थिर होय।
कहैं कबीर उस पलक को, कल्प न पावै कोय॥

तन, मन और वचन के साथ-साथ जब चित्त की सभी वृत्तियाँ शांत हो जाती हैं, तब हमें आत्म-साक्षात्कार हो जाता है। कबीर कहते हैं कि आत्म-साक्षात्कार का वह पल युगों में मुश्किल से मिलता है।

बिना साँच सुमिरन नहीं, बिन भेदी भक्ति न सोय।
पारस में परदा रहा, कस लोहा कंचन होय॥

सत्य-ज्ञान के बिना प्रभु का स्मरण नहीं हो सकता और बिना भेद जाने भक्ति नहीं हो सकती। यदि पारस में थोड़ा सा भी खोट हो तो लोहा कंचन नहीं बन सकता।

गुरु पारस को अंतरो, जानत हैं सब संत।
वह लोहा कंचन करे, ये करि लेय महंत॥

गुरु और पारस पत्थर के अंतर को विद्वान् लोग भलीभाँति जानते हैं। पारस तो लोहे को सोना बनाता है, लेकिन गुरु तो शिष्य को अपने जैसा महान् और गुणी बना लेता है।

गुरु कुम्हार शिष कुंभ है, गढ़ि-गढ़ काढ़ै खोट।
अंतर हाथ सहार दै, बाहर बाहै चोट॥

गुरु कुम्हार के समान है और शिष्य घड़े के समान। जैसे कुम्हार ठोक-

पीटकर घड़े को सुघड़ आकार देता है, वैसे ही गुरु भी कठोर अनुशासन और भीतरी प्रेम से गुणी व सुकुमार बनाता है।

गुरु शरणागत छाँड़ि के, करै भरोसा और।
सुख संपत्ति को कह चली, नहीं नरक में ठौर॥

जो व्यक्ति अपने गुरु की शरण को छोड़कर यहाँ-वहाँ भरोसा करता है, अर्थात् अपने गुरु में विश्वास नहीं करता, उसका सुखी जीवन दुःखों में बदल जाता है और उसे नरक में भी जगह नहीं मिलती।

नाम रसायन प्रेम रस, पीवत अधिक रसाल।
कबीर पीवन दुर्लभ है, माँगै शीश कलाल॥

प्रेम-रस नाम का रसायन पीने में बहुत स्वादिष्ट है। कबीर कहते हैं कि यह रसायन बहुत दुर्लभ है। इसे पाने के लिए सिर काटकर गुरु को अर्पित करना पड़ता है, अर्थात् अपना सर्वस्व गुरु को सौंप देना पड़ता है।

अमृत पीवै ते जना, सतगुरु लागा कान।
वस्तु अगोचर मिलि गई, मन नहिं आवा आन॥

जिन भक्तों का मन सद्‌गुरु में रम जाता है वे सद्‌गुरु के अमृत वचनों का रसपान करते हैं। उन्हें ऐसी अदृश्य वस्तु (निधि) मिल जाती है कि फिर उनका मन कहीं पर भी नहीं लगता।

नैनों की करि कोठरी, पुतली पलँग बिछाय।
पलकों की चिक डारि कै, पिय को लिया रिझाय॥

नेत्रों को कक्ष बनाकर पुतली रूपी पलंग बिछाया, उस पर पलकों का परदा डालकर अपने प्रिय को प्रसन्न कर लिया। अर्थात् प्रेम में कैद भक्त हमेशा अपने प्रेमी को अपनी आँखों में बसाए रखता है।

प्रीति बहुत संसार में, नाना विधि की सोय।
उत्तम प्रीति सो जानिए, सतगुरु से जो होय॥

संसार में प्रेम के अनेक रूप हैं, लेकिन वे स्वार्थ के बंधन हैं। सबसे उत्तम प्रेम सद्‌गुरु से किया जा सकता है, जिसमें स्वार्थ कहीं नहीं ठहरता।

मास–मास नहिं करि सकै, छठै मास अलबत्त।
यामें ढील न कीजिए, कहैं कबीर अविगत्त॥

साधु–दर्शन की महत्ता बताते हुए कबीर कहते हैं, यदि महीनों साधु–दर्शन न हों तो छह मास में एक बार तो कर ही लें। इसमें कोई अवरोध हो तो उसे दूर करें, क्योंकि साधु–दर्शन का बड़ा पुण्य प्रताप है।

बरस बरस नहिं करि सकै, ताको लागे दोष।
कहैं कबीर वा जीव सो, कबहु न पावै मोष॥

कबीर चेताते हैं कि जो लोग वर्ष भर में एक बार भी साधुजन के दर्शन नहीं पाते, वे बड़े दोषी होते हैं। उन्हें कभी मोक्ष नहीं मिल पाता।

इन अटकाया न रुके, साधु दरश को जाय।
कबीर सोई संत जन मोक्ष मुक्ति फल पाय॥

जो लोग सांसारिक बंधनों को तोड़कर साधु–दर्शन को जाते हैं, उन्हें निश्चित मुक्ति मिलती है।

खाली साधु न बिदा करु, सुन लीजै सब कोय।
कहैं कबीर कछु भेंट धरु, जो तेरे घर होय॥

घर आए साधु को यथाशक्ति कुछ–न–कुछ अवश्य दें; क्योंकि साधु को श्रद्धापूर्वक थोड़ा दिया भी कई गुना होकर वापस मिलता है।

कबीर लौंग इलायची, दातुन माटी पानि।
कहैं कबीर संतन को, देत न कीजै कानि॥

कबीर कहते हैं कि संतों को इलायची, दातुन, मिट्टी, पानी कुछ भी दें, पर दें अवश्य। अर्थात् निस्संकोच होकर घर में जो भी हो, वह अर्पण करें।

कंचन दीया करन ने, द्रौपदी दीया चीर।
जो दीया सो पाइया, ऐसे कहैं कबीर॥

कर्ण ने सोने का दान दिया और द्रौपदी ने चीर का। समय पर द्रौपदी को अपना दान वापस मिल गया। अर्थात् दान का फल समयानुसार अवश्य वापस मिलता है।

साधू आवत देखि कर, हँसी हमारी देह।
माथा का ग्रह ऊतरा, नैनन बढ़ा सनेह॥

साधु को आते देखकर यदि हम अनायास ही खुशी से भर उठें तो समझो, हमारे ऊपर चढ़े दुष्ट ग्रहों का प्रभाव टल गया और सौभाग्य का आगमन हो गया।

साधू आया पाहुना, माँगै चार रतन।
धूनी पानी साथरा, सरधा सेती अन॥

साधु अतिथि की तरह आते हैं और धूप, जल, आसन एवं भोजन—इन चार रत्नों की माँग करते हैं। हमें इनका श्रद्धापूर्वक अर्पण करना चाहिए।

साधु शब्द समुद्र है, जामें रतन भराय।
मंद भाग मुट्ठी भरै, कंकर हाथ लगाय॥

'साधु' शब्द समुद्र के समान विशाल है, जिसमें तरह-तरह के रत्न भरे हैं; लेकिन जो मूर्ख उनमें बुराई खोजते हैं उन्हें मुट्ठी भर कंकर के सिवा कुछ हाथ नहीं लगता।

कथनी काची होय गई, करनी करी न सार।
स्रोता वक्ता मरि गया, मूरख अनंत अपार॥

जो कहे गए ज्ञान (कथनी) को अपने कर्म (करनी) में नहीं उतारता तो वह कहा गया ज्ञान अर्थहीन (कच्चा) हो जाता है। ज्ञान को अपनी करनी में न उतारनेवाले ऐसे जाने कितने मूर्ख सुननेवाले और बोलनेवाले भ्रमवश मर गए हैं।

कथनी थोथी जगत में, करनी उत्तम सार।
कहैं कबीर करनी भली, उतरै भोजन पार॥

संसार में कथनी का कोई मोल नहीं है। वह निरर्थक होती है। कर्म करना सर्वोत्तम होता है। कबीर कहते हैं। इसलिए अपने कर्म अच्छे होने चाहिए, जिससे भवसागर पार करने में कोई कठिनाई न हो।

कथनी के सूरे घने, थोथै बाँधै तीर।
बिरह बान जिनके लगा, तिनके बिकल सरीर॥

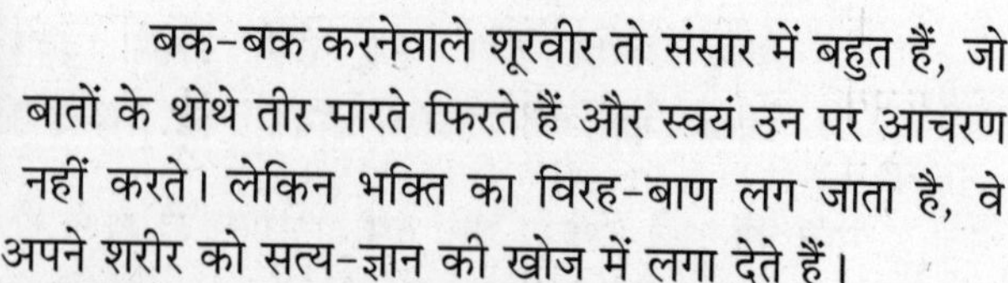

बक-बक करनेवाले शूरवीर तो संसार में बहुत हैं, जो बातों के थोथे तीर मारते फिरते हैं और स्वयं उन पर आचरण नहीं करते। लेकिन भक्ति का विरह-बाण लग जाता है, वे अपने शरीर को सत्य-ज्ञान की खोज में लगा देते हैं।

साखी लाय बनाय के, इत-उत अच्छर काटि।
कहैं कबीर कब लगि जिए, जूठी पत्तर चाटि॥

यहाँ-वहाँ से अक्षर जोड़-काटकर दोहे बना लिये। कबीर कहते हैं कि इस प्रकार जूठी पत्तर चाटकर कब तक जीओगे। अर्थात् मौलिक रचना करो, तभी संसार में तुम्हारा नाम-सम्मान होगा।

पढ़ि-पढ़ि के समुझावई, मन नहिं धारै धीर।
रोटी का संसै पड़ा, यौं कह दास कबीर॥

जो केवल शास्त्र-ज्ञान से पढ़कर समझाते रहते हैं, उसे अपने आचरण में नहीं उतारते। कबीर कहते हैं, वे केवल अपना पेट भरने के लिए ऐसा करते हैं। उन्हें स्वयं वास्तविक ज्ञान हासिल नहीं होता।

पानी मिलै न आपको, औरन बकसत छीर।
आपन मन निहचल नहीं, और बँधावत धीर॥

जिसे स्वयं को पीने के लिए पानी नहीं है, वह दूसरों को दूध पिलाता है। जिसका अपना मन स्थिर नहीं है, वह दूसरों को धैर्य रखने की प्रेरणा देता है। अर्थात् पहले स्वयं ज्ञानी बनें, फिर दूसरों को उपदेश दें।

करनी बिन कथनी कथै, गुरु पद लहै न सोय।
बातों के पकवान से, धीरा नाहीं कोय॥

जो अपने श्रेष्ठ आचरण के बिना केवल ज्ञान की बातें बघारता फिरता है, वह गुरु का पद नहीं पा सकता, जैसे बातों के पकवान से किसी का पेट नहीं भरता।

करनी का रजमा नहीं कथनी मेरु समान।
कथता बकता मर गया, मूरख मूढ़ अजान॥

जिनमें श्रेष्ठ आचरण कण भर भी नहीं होता और बातें सुमेरु पर्वत जितनी विशाल करते हैं, ऐसे न जाने कितने मूर्ख-अज्ञानी कहते और बक-बक करते मर गए हैं।

दाता दाता चलि गए, रहि गए मक्खी चूस।
दान-मान समुझे नहीं, लड़ने को मजबूत॥

दुनिया से बड़े-बड़े श्रेष्ठ दानी चले गए, अब तो केवल कंजूस ही बाकी रह गए हैं, जो न तो दान का महत्त्व समझते हैं, न मान-सम्मान करना जानते हैं। वे तो केवल लड़ने-झगड़ने की कला में ही माहिर हैं।

कबीर सोई पीर है, जो जानै पर पीर।
जो पर पीर न जानई, सो काफिर बेपीर॥

कबीर कहते हैं, वही पुरुष उत्तम पुरुष (पीर) है, जो दूसरों की पीड़ा (पर-पीर) को ज्ञात और अनुभव कर सकता हो। लेकिन जो दूसरों की पीड़ा को नहीं समझ सकता, वह तो निरा दुष्ट और जालिम (काफिर-बेपीर) है।

दया दया सब कोई कहै, मर्म न जानै कोय।
जात जीव जानै नहीं, दया कहाँ से होय॥

प्राणीमात्र पर दया करने की बात तो सभी करते हैं, लेकिन दया के असली भेद को कोई नहीं जानता। जब वे यही नहीं समझते कि सभी प्राणियों में जीवात्मा एक जैसा होता है तो दया कहाँ से कर सकते हैं।

नहीं दीन नहिं दीनता, संत नहीं मिहमान।
ता पर जम डेरा किया, जीवत भया मसान॥

जिसमें सज्जनता और विनम्रता जैसे सद्गुण नहीं हैं, जहाँ संत-महात्माओं का आदर-सत्कार न होता हो, उस घर में तो साक्षात् पापी यमराज का वास होता है और जीते-जी वह घर श्मशान के समान हो जाता है।

जैसी प्रीति कुटुंब की, तैसी गुरु सों होय।
कहैं कबीर ता दास का, पला न पकड़ै कोय॥

हम जैसी ममता अपने परिजन से करते हैं वैसी ही गुरु के प्रति करनी

चाहिए, तभी गुरु से हमें वह ज्ञान प्राप्त होता है, जो हमें सभी बंधनों से मुक्त कर देता है।

सब धरती कागद करूँ, लिखनी सब बनराय।
सात समुद्र की मसि करूँ, गुरु गुण लिखा न जाय॥

कबीर कहते हैं कि गुरु की महिमा अपरंपार है। सारी धरती को कागज बना लिया जाए, सारे वनों को कलम और सारे समुद्रों को स्याही बना ली जाए तो भी गुरु की महिमा का वर्णन नहीं किया जा सकता। अर्थात् गुरु की थाह कोई नहीं पा सकता।

मूल ध्यान गुरु रूप है, मूल पूजा गुरु पाँव।
मूल नाम गुरु वचन है, मूल सत्य सतभाव॥

गुरु की मूर्ति ही ध्यान, पूजन, मनन और चिंतन के लिए सर्वश्रेष्ठ है। अर्थात् गुरु ही परम सत्य हैं।

सतगुरु तो सतभाव है, जो अस भेद बताय।
धन्य शीष धन भाग तिहिं, जो ऐसी सुधि पाय॥

सतगुरु सत्य और असत्य का भेद बताकर अपने शिष्य को धन्य कर देता है।

सतगुरु मिला जु जानिए, ज्ञान उजाला होय।
भ्रम का भांडा तोड़ि करि, रहे निराला होय॥

जो अंतर्मन में ज्ञान का उजाला भर दे, उसी को सतगुरु मानें; क्योंकि जब तक हमारे सारे संदेह नष्ट नहीं होते तब तक यथार्थ ज्ञान नहीं होता।

गुरुपाया सुख ऊपजा, दिल दरिया भरपूर।
सकल पाप सहजे गया, सतगुरु मिले हजूर॥

एक सतगुरु के मिलने से अंतरात्मा में जो उजाला फैला, उससे सारे पाप कट गए और ज्ञान के उजाले से पुण्य का आलोक फैल गया।

बिन सतगुरु बाचै नहीं, फिर बूड़ै भव माँहि।
भौसागर की त्रास से, सतगुरु पकड़े बाँहि॥

एक सतगुरु के सहारे ही भवसागर के चक्र से छूटा जा सकता है। इसलिए केवल उन्हीं की बाँहों को अपना सहारा बनाओ।

जाका गुरु है आँधरा, चेला खरा निरंध।
अंधे को अंधा मिला, पड़ा काल के फंद॥

जिसका गुरु अंधा हो और शिष्य पूरा अज्ञानी, फिर उन्हें काल के फंदे से कोई नहीं बचा सकता। उनका विनाश निश्चित है।

जो मानुष गृह धर्म युत, राखे शील विचार।
गुरुमुख बानी साधु संग, मन वच सेवा सार॥

जो मनुष्य गृहस्थ धर्म का निर्वाह करनेवाला और शिष्टाचारी है; जो गुरुवाणी का चिंतन-मनन और पालन करता है; जो सत्संग करता है और मन, वचन व कर्म से सज्जन पुरुषों की सेवा करता है, वह सच्चा गृहस्थ है और उसी का जीवन सार्थक है।

शब्द बिचारे पथ चलै, ज्ञान गली दे पाँव।
क्या रमता क्या बैठता, क्या गृह कँदला छाँव॥

जो सत्यमार्ग का राही हो, ज्ञान के अनुसार अपना मार्ग तय करे, वह चाहे चलता-फिरता रहे अथवा घर, वृक्ष, गुफा आदि में कहीं भी विश्राम करे, उसका कोई अहित नहीं होता; क्योंकि वह सत्य मार्ग का राही होता है।

माला तिलक का भेष है, राम-भक्ति कछु और।
कहैं कबीर जिन पहिरिया, पाँचों राखे ठौर॥

माला पहनना और तिलक लगाना तो बाहरी वेश है, असली रामभक्ति तो कुछ और ही है। कबीर कहते हैं, जो आंतरिक भक्ति-रस में डूब जाता है, वह अपनी पाँचों ज्ञानेंद्रियों को वश में करके इस संसार-सागर से पार हो जाता है।

बैरागी बिरकत भला, गिरही चित्त उदार।
दोऊ चुकि खाली पड़े, ताको वार न पार॥

संत को विरक्त होना चाहिए और गृहस्थ को उदार-चित्त। इन दोनों गुणों से रिक्त रहने पर इनका कल्याण नहीं हो सकता।

माँगन मरन समान है, तोहि दई मैं सीख।
कहैं कबीर समुझाय के, मति कोई माँगे भीख॥

मेरी सीख गाँठ में बाँध लो, माँगना मृत्यु के समान है। कबीर कहते हैं कि भीख कभी मत माँगो। अर्थात् कर्मशील बनो, स्वावलंबी बनो।

उदर समाता माँगी ले, ताको नाहीं दोष।
कहैं कबीरा अधिका गहै, ताकी गति न मोष॥

यदि माँगना जीवन बचाने के लिए जरूरी हो तो माँगने में कोई दोष नहीं है; लेकिन यदि संग्रह के लिए माँगा जाए तो फिर उस माँगनहार की मुक्ति असंभव है।

कबीर शीतल जल नहीं, हिम ना शीतल होय।
कबीर शीतल संत जन, राम सनेही सोय॥

कबीर कहते हैं कि जिन संतों की राम में आस्था होती है, वे जल और बर्फ से भी अधिक शीतल व निर्मल होते हैं। ये उनके स्वभाव में रच-बस जाता है, जो रामनाम के चिंतन का परिणाम होता है।

कोटि-कोटि तीरथ करै, कोटि-कोटि करु धाम।
जब लग साधु न सेवई, तब लग काचा काम॥

चाहे करोड़ों तीर्थों या धामों में जाकर स्नान, भजन, पूजन, मनन, चिंतन करो; लेकिन जब तक तुम साधुजन की सेवा नहीं करोगे, तुम्हारा सारा परिश्रम व्यर्थ जाएगा। अर्थात् साधु सेवा सर्वोपरि है।

साधु जन सब में रमैं, दुख ना काहू देहि।
अपने मत गाढ़ा रहै, साधुन का मत येहि॥

साधुजन सभी को सहज ही अपना लेते हैं। वे किसी को दुखी नहीं करते और हमेशा अपने मत पर दृढ़ रहते हैं, यही सच्चे साधु की पहचान है।

साधु कहावन कठिन है, ज्यों खाँड़े की धार।
डगमगायो गिर पड़े, निश्चल उतरे पार॥

दुनिया में साधु-मार्ग पर चलना उतना ही कठिन है जैसे तलवार की धार पर चलना। इसमें जरा-सी भी लड़खड़ाहट व्यक्ति को गिराकर जख्मी कर सकती है। उसी प्रकार साधु-पद से गिरा व्यक्ति भी पद-दलित होकर अपमानित हो सकता है। इसलिए जो दृढ़ मतवाला होगा, वही इस राह पर चल सकता है।

साधु कहावन कठिन है, लंबा पेड़ खजूर।
चढ़ै तो चाखे प्रेम रस, गिरै तो चकनाचूर॥

साधु बनना उतना ही कठिन है, जैसे लंबे खजूर के पेड़ पर चढ़कर उसके फल चखना। इसमें जरा-सी भी असावधानी मौत का कारण बन सकती है। उसी प्रकार साधु पद से गिरा व्यक्ति भी न घर का रहता है, न समाज का।

साधु चाल जु चालई, साधु कहावै सोय।
बिन साधन तो सुधि नहीं, साधु कहाँ ते होय॥

साधु के समान आचरण करके ही साधु बना और कहलाया जा सकता है। बिना साधन के तो इंद्रियाँ भी नहीं सधतीं, इसलिए पहले इंद्रिय-संयम करो, फिर साधु बनो।

साधु सती और सूरमा, राखा रहै न ओट।
माथा बाँधि पताक सों, नेजा घालैं चोट॥

साधु, पतिव्रता स्त्री और शूरवीर को छिपाया नहीं जा सकता। इनके ये गुण तो इनके मस्तक पर लिखे होते हैं। चाहे कोई इन पर कितनी ही चोट करे, ये अपने गुणों का परित्याग नहीं करते।

साधु-साधु सब एक हैं, जस अफीम का खेत।
कोई विवेकी लाल हैं, और सेत का सेत॥

चोले में तो सभी साधु अफीम के खेत की तरह एक समान दिखते हैं, लेकिन इनमें विवेकशील 'लाल', ज्ञानी जन कुछ गिने-चुने ही हैं।

साधु साधु सबहीं बड़े, अपनी-अपनी ठौर।
शब्द विवेकी पारखी, ते माथे के मौर॥

'साधु' शब्द अपने आप में बहुत महान् है, इसलिए सभी साधु अपनी-अपनी जगह पर बड़े हैं; लेकिन इनमें जो विवेकी और सत्य के पारखी हैं वे सबके माथे के मुकुट हैं।

सदा कृपालु दुख परिहरन, बैर भाव नहिं दोय।
छिमा ज्ञान सत भाखही, हिंसा रहित जु होय॥

साधुजन दुःख हरनेवाले, कृपा करनेवाले, वैर-भाव से दूर, क्षमावान्, सत्यभाषी, अहिंसा-प्रेमी और परोपकार की भावना से ओत-प्रोत होते हैं।

राम नाम कड़ुआ लगै, मीठा लागै दाम।
दुविधा में दोऊ गए, माया मिली न राम॥

राम नाम की साधना बहुत कठिन है, इसलिए वह कड़वी लगती है। और धन-संपत्ति भोगने में बहुत सुख देती है, इसलिए मीठी लगती है। और जब दोनों में से एक को चुनना हो तो बड़ी दुविधा हो जाती है। इससे भ्रम की स्थिति उत्पन्न हो जाती है। इस स्थिति में माया और राम दोनों हाथ से निकल जाते हैं।

चिऊँटी चावल ले चली, बिच में मिलि गई दाल।
कहैं कबीर दो ना मिलै, इक ले दूजी डाल॥

चींटी चावल लेकर चली तो रास्ते में दाल का दाना पड़ा मिला। कबीर कहते हैं, दोनों तो उसे नहीं मिल सकते—एक को छोड़कर दूसरे को लेना पड़ेगा। अर्थात् भक्ति के लिए माया को छोड़ना पड़ेगा।

आगा-पीछा दिल करै, सहजै मिलै न आय।
सो बासी जमलोक का, बाँधा जमपुर जाय॥

जिसका दिल भक्ति के मार्ग पर अस्थिर रहता है, उसका प्रभु से मिलन नहीं होता। वह तो इस मृत्युलोक का वासी बनकर जीवन-मृत्यु के चक्र में घूमता रहता है।

तेरे हिय में राम है, ताहि न देखा जाय।
ताका तो तब देखिए, दिल की दुविधा जाय॥

तेरे हृदय में ही आत्मा रूपी राम का वास है, लेकिन उन्हें सांसारिक दृष्टि से नहीं देखा जा सकता। उन्हें तो दिल की दुविधा को दूर करके अंतर की विवेकपूर्ण दृष्टि से ही देखा जा सकेगा।

काया खेत किसान मन, पाप-पुन्न दो बीव।
बोया लूनै आपना, काया कसकै जीव॥

यह शरीर खेत की तरह है और मन किसान की तरह। इसमें पाप और पुण्य दो बीज हैं। आप इस खेत में जो बीज बोते हैं, उसी की फसल काटते हैं। अर्थात् पाप करने से बुरा फल मिलेगा और पुण्य करने से अच्छा।

कबीर कमाई आपनी, कबहु न निष्फल जाय।
सात समुद्र आड़ा पड़े, मिलै अगाड़ी आय॥

कबीर कहते हैं कि सच्ची कमाई कभी निष्फल नहीं जाती, चाहे मार्ग में सात समुद्र भी आड़े आ जाएँ; लेकिन वह आगे आकर मिलती है।

करै बुराई सुख चहै, कैसे पावै कोय।
रोपै पेड़ बबूल का, आम कहाँ ते होय॥

बुरा करके भला चाहना, यह कैसे संभव है? जैसे बबूल रोपकर आम नहीं पाए जा सकते। अर्थात् कर्म के अनुसार ही फल मिलता है।

परारब्ध पहले बना, पीछे बना सरीर।
कबीर अचंभा है यही, मन नहिं बाँधे धीर॥

पहले भाग्य निर्धारित होता है, उसके बाद शरीर बनता है। कबीर कहते हैं, कितने आश्चर्य की बात है, फिर भी लोग कर्मफल के लिए चिंतित रहते हैं।

दुःख लेने जावै नहीं, आवै आचा बूच।
सुख का पहरा होयगा, दुःख करेगा कूच॥

न तो कोई दुःख चाहता है, न उसे लेने जाता है। वह तो बिन बुलाए अचानक आ जाता है। लेकिन जब सुख आकर पहरेदारी करेगा तो दुःख भाग जाएगा। अर्थात् दुःख-सुख तो धूप-छाँव की तरह इनसान के पीछे लगे रहते हैं।

रे मन भागहि भूल मत, जो आया मन भाग।
सो तेरा टलता नहीं, निश्चय संसै त्याग॥

लोगो! अपने भाग्य को मत भूलो। तुम्हें जो भी मिलता है, भाग्य के अनुसार मिलता है। और जो तुम्हारे भाग्य में लिखा है, वह तुम्हें अवश्य मिलेगा। इसलिए अपने हृदय में संदेह मत पालो, जो भी मिले उसे प्रेमपूर्वक ग्रहण करो।

लिखा मिटै नहीं करम का, गुरु कर भज हरिनाम।
सीधे मारग नित चलै, दया-धर्म विसराम॥

जो तुम्हारे भाग्य में लिखा है, वह टल नहीं सकता। इसलिए सद्‌गुरु की शरण लो और प्रभु-नाम भजो। जो दया-धर्म के सत्य-मार्ग पर चलता है, उसका कल्याण होता है।

सुर नर मुनि सबको ठगे, मनहिं लिया औतार।
जो कोई याते बचै, तीन लोक ते न्यार॥

यह मन बहुत चंचल है। यह देवता, मनुष्य और ऋषि-मुनि सबको ठगता है, अर्थात् इसे वश में करना बहुत कठिन है। मन के कारण ही जीव को बारंबार जन्म और मृत्यु के चक्र में फँसना पड़ता है। जो आदमी मन की ठगी से बच जाता है, अर्थात् इसे अपने वश में कर लेता है, वह तीनों लोकों में सबसे अनन्य होता है।

धरती फाटै मेघ मिलै, कपड़ा फाटै डौर।
तन फाटै को औषधि, मन फाटै नहिं ठौर॥

धरती के गड्ढे और दरारें आदि वर्षा होने पर भर जाते हैं, फटा कपड़ा धागे से सिल जाता है, शरीर की चोट-फटन आदि औषधि से जुड़ जाती हैं; लेकिन यदि मन फट जाए तो इसका जुड़ना असंभव है।

मनुवा तू क्यों बावरा, तेरी सुध क्यों खोय।
मौत आय सिर पर खड़ी, ढलते बेर न होय॥

हे मेरे नादान मन! तू क्यों पगला रहा है ? क्यों विषयों में उलझकर सुध-बुध भूले बैठा है। अब तो मौत भी तेरे सिर पर मँडराने लगी है। यह तुझे नष्ट

करने में जरा भी देर नहीं लगाएगी। अर्थात् वक्त रहते चेत जाएँ।

तन का बैरी कोई नहीं, जो मन सीतल होय।
तूँ आपा को डारि दे, दया करे सब कोय॥

यदि तुम्हारा मन सरल, शांत और निष्पाप हो तो दुनिया में कोई भी तुम्हारा शत्रु नहीं हो सकता। यदि तुम अपने मान-अभिमान को छोड़ दो तो सारा संसार तुमसे प्रेम करने लगेगा।

मेरा मन मकरंद था, करता बहुत बिगार।
सूधा होय मारग चला, हरि आगे हम लार॥

पहले विषयों में डूबकर मेरा मन पागल हाथी के समान उखाड़-पछाड़ करता फिरता था। लेकिन सत्संगति के प्रभाव से अब यह सीधे मार्ग पर आ गया है और हरि-भक्ति में भी रमने लगा है।

यह मन हरि चरणे चला, माया-मोह से छूट।
बेहद माहीं घर किया, काल रहा सिर कूट॥

मोह-माया और विषय-वासनाओं से मुक्त होकर यह मन प्रभु-भक्ति में रमने लगा है। मन अब आत्म-तत्व की खोज में ही अपना ध्यान एकाग्र कर लिया है, इसलिए काल भी अपना सिर पीटने लगा है, क्योंकि अब वह इसका कुछ नहीं बिगाड़ सकता।

कबीर माया मोहिनी, माँगी मिलै न हाथ।
मना उतारी जूठ करु, लागी डोलै साथ॥

कबीर कहते हैं, यह माया बहुत मोहिनी है, आकर्षित करनेवाली है। चाहने से यह हाथ नहीं आती; लेकिन जो इसे जूठन समझकर परे फेंक देता है, यह खुद उसके पीछे लग जाती है। अर्थात् माया का लोभ त्यागने पर यह स्वयं आपके पास चली आती है।

कबीर माया मोहिनी, मोहै जान सुजान।
भागै हू छूटै नहीं, भरि-भरि मारै बान॥

कबीर कहते हैं, माया बहुत मोहिनी है। इसके आकर्षण से ज्ञानी-अज्ञानी, साधु-संत-महात्मा आदि कोई नहीं बच पाता। यह कमान खींच-खींचकर दनादन तीर मारती है कि लाख भागकर भी कोई इसके प्रहार से नहीं बच पाता।

कबीर माया मोहिनी, भई अँधियारी लोय।
जो सोए सो मुसि गए, रहे वस्तु को रोय॥

कबीर कहते हैं कि यह मोहिनी माया अँधेरी रात की चादर की तरह सबके ऊपर ढकी हुई है। जो इसके नीचे सोते हैं, वे विषय-विकारों में घिर कर सत्य ज्ञान के धन से लुट जाते हैं और उस वस्तु से वंचित हो जाते हैं, जो मोक्ष के लिए परमावश्यक है।

कबीर टुक-टुक चोंघता, पल-पल गई विहाय।
जिव जंजाले पड़ि रहा, दिया दमामा आय॥

कबीर कहते हैं कि यह जीव रूपी पक्षी मूर्खता में यहाँ-वहाँ चोंच मारता रहा और कीमती समय यूँ ही गँवा दिया। सांसारिक जंजाल में पड़े-पड़े ही काल का बुलावा आ गया और कूच करना पड़ा। इस प्रकार, अनमोल जीवन व्यर्थ चला गया।

बिरिया बीती बल घटा, केस पलटि भए और।
बिगरा काज सँभारि लै, करि छूटन की ठौर॥

उम्र बीतने के साथ-साथ शरीर की शक्ति भी घट गई, बाल सफेद पड़ गए, अब तो सँभल जा। उठ, अपने बिगड़े काम सँवार और जो तेरे जीवन का उद्देश्य है, उसे पाने के लिए संत-महात्माओं की संगति कर।

कुशल कुशल जो पूछता, जग में रहा न कोय।
जरा मुई ना भय मुआ, कुशल कहाँ ते होय॥

जो लोगों की कुशलता पूछते हैं, वे यह भूल जाते हैं कि जगत् में कुशल रहा ही कौन है ? सबके पीछे काल लगा है; क्योंकि सत्य ज्ञान के अभाव में बुढ़ापे और मृत्यु का भय लोगों को खाए जाता है; फिर वे कुशल कहाँ से हो सकते हैं।

माली आवत देखि के, कलयाँ करें पुकार।
फूली-फूली चुनि लई, काल हमारी बार॥

यम रूपी माली को आते देखकर कलियाँ चीत्कार करने लगती हैं। खिले हुए फूलों को माली ने तोड़ लिया, कल उन्हें भी शाख से अलग कर देगा। इस प्रकार यम एक-एक कर सबको अपना ग्रास बना लेता है।

बढ़ही आवत देखि के, तरुवर रुदन कराय।
मैं अपंग संसै नहीं, पच्छी बसते आय॥

यम रूपी बढ़ई को अपनी ओर आते देखकर पेड़ दुखी होकर रोने लगता है। मैं तो अपंग हूँ, चल-फिर नहीं सकता; यह मुझे काट ही लेगा। लेकिन मेरी डालियों पर इतने पक्षियों का बसेरा है, उनका बच्चा होगा, वे कहाँ जाएँगे। इस प्रकार प्राणी सदा से ही मोह-माया में फँसा रहा है।

तरुवर पात सों यौं कहै, सुनो पात इक बात।
या घर याही रीति है, इक आवत इक जात॥

झड़ते हुए दुखी पत्ते को देखकर वृक्ष उससे कहता है, 'ऐ पत्ते! दुखी मत होओ। इस घर-संसार की यही परंपरा है। यहाँ एक आता है, एक जाता है—अर्थात् जीवन-मृत्यु का क्रम चलता रहता है।'

जो उगे सो आथवे, फूलै सो कुम्हिलाय।
जो चूनै सो ढहि पड़े, जामै सो मरि जाय॥

इस संसार की सारी चीजें नश्वर हैं। जो उगता है उसका अस्त होना निश्चित है; जो फलता-फूलता है उसका मुरझाना निश्चित है; जो चिनाई करके इमारत बनती है, समय की मार से वह भी ढह जाती है और जो जन्म लेता है उसका मरना निश्चित है।

कबीर जीवन कुछ नहीं, खिन खारा खिन पीठ।
कािल्ह अलहजा मारिया, आज मसाना दीठ॥

कबीर कहते हैं कि यह जीवन नाशवान् है। यहाँ कुछ खट्टे दुःख हैं तो कुछ मीठे सुख। जिन्होंने कल युद्ध में शूरवीर शत्रुओं को मारा था, आज वे भी मरकर श्मशान में लेटे हैं।

कबिरा पगरा दूर है, बीच पड़ी है रात।
ना जाने क्या होयगा, ऊगंता परभात॥

कबीर कहते हैं, मुक्ति का मार्ग बहुत लंबा है। बीच में अज्ञान और मोह-माया की काली रात पड़ी है और इस काल का कोई भरोसा नहीं। यह कभी भी दस्तक दे सकता है, इसलिए सत्य-ज्ञान के सूर्योदय तक सावधान रहें।

अति हठ मत कर बावरे, हठ से बात न होय।
ज्यूँ-ज्यूँ भीजे कामरी, त्यूँ-त्यूँ भारी होय॥

अरे पागल! जिद मत कर। जिद से काम बनते नहीं, बिगड़ जाते हैं, जैसे कंबल भीग-भीगकर और भारी होता जाता है। इसलिए हठ त्याग करके ज्ञानीजन की वाणी के अनुसार काम करना चाहिए।

बाले जैसी किरकिरी, ऊजल जैसी धूप।
ऐसी मीठी कछु नहीं, जैसी मीठी चूप॥

बालू जैसी किरकिराहट किसी में नहीं होती, धूप जैसी रोशनी किसी में नहीं होती। इसी प्रकार चुप से मीठा कुछ नहीं होता। अर्थात् चुप रहना ज्ञानवान् होने की निशानी है। साधु-संत भी इसी का अनुसरण करते हैं।

रितु बसंत याचक भया, हरखि दिया द्रुम पात।
ताते नव पल्लव भया, दिया दूर नहिं जात॥

वसंत ऋतु की याचना पर वृक्षों ने अपने सभी पत्ते झाड़ दिए। इससे उनमें नए-नए सुकोमल पत्ते आ गए। इससे सिद्ध है कि दिया हुआ बेकार नहीं जाता बल्कि उससे बढ़-चढ़कर वापस मिलता है।

मान-अभिमान न कीजिए, कहैं कबीर पुकार।
जो सिर साधू ना नमैं, तो सिर काटि उतार॥

कबीरदासजी पुकार-पुकारकर कहते हैं कि हे मनुष्य! तू मान-अभिमान के चक्र में मत उलझ, क्योंकि इससे तेरा कल्याण नहीं होगा। जो सिर सज्जनों के आगे न झुके उसे तो काट फेंकना चाहिए। अर्थात् नम्रता से ही सज्जनता आती है।

काम क्रोध तृष्णा तजै, तजै मान अपमान।
सद्‌गुरु दाया जाहि पर, जम सिर मरदे मान॥

जिस पर सद्‌गुरु की दया हो जाती है उसके काम, क्रोध, तृष्णा, मान, अपमान जैसे सभी विकार नष्ट हो जाते हैं, वह सन्मार्ग पर चलने लगता है और मृत्यु को भी जीत लेता है।

कबीर गर्व न कीजिये, काल गहे कर केश।
ना जानौ कित मारिहैं, क्या घर क्या परदेस॥

कबीर कहते हैं कि गर्व कभी न करें, क्योंकि मृत्यु सदा तुम्हारे सिर पर खड़ी है। वह तुम्हें कहीं भी दबोच सकती है। उसके लिए घर और परदेश की दूरी कोई मायने नहीं रखती।

कबीर गर्व न कीजिए, ऊँचा देखि अवास।
काल परौं भुँई लेटना, ऊपर जमसी घास॥

कबीर कहते हैं कि अपनी ऊँची महल-अटारियों को देखकर गर्व मत करो, क्योंकि मृत्यु का कोई भरोसा नहीं है। यह कल-परसों कभी भी आ सकती है, फिर तुम्हें भूमि पर लेटना होगा और ऊपर घास जम जाएगी। अर्थात् वैभव क्षणिक होता है।

कबीर गर्व न कीजिए, देही देखि सुरंग।
बिछुरे पै मेला नहीं, ज्यों केंचुली भुजंग॥

कबीरदासजी कहते हैं, अपनी सुंदर देह पर कभी गर्व न करें। इसे तो एक-न-एक दिन बिछड़ना ही है और बिछड़ने के बाद यह उसी तरह नहीं मिलती जैसे केंचुली त्यागने के बाद सर्प को वापस नहीं मिलती।

नाम जो रत्ती एक है, पाप जु रत्ति हजार।
आध रत्ति घट संचरै, जारि करे सब छार॥

जैसे एक चिंगारी बड़े वन को जलाकर खाक कर सकती है, वैसे ही गुरु नाम का एक छोटा सा कण भी पाप के हजार कणों पर भारी पड़ता है। ऐसा ही आधा भी कण शरीर में समा जाए तो सारे पापों को निर्मूल कर देता है।

राम जपत दरिद्री भला, टूटी घर की छान।
कंचन मंदिर जारि दे, जहाँ न सद्‌गुरु ज्ञान॥

राम नाम जपनेवाला दरिद्र आदमी भी भला होता है, चाहे उसके घर का छप्पर टूटा हो; लेकिन सोने-चाँदी से मढ़ा वह घर जला देने योग्य है, जहाँ सद्‌गुरु के ज्ञान की चर्चा न होती हो।

आदि नाम पारस अहै, मन है मैला लोह।
परसत ही कंचन भया, छूटा बंधन मोह॥

गुरु द्वारा हमें जो सनातन ज्ञान प्राप्त होता है वह पारस के समान होता है और मैला मन लोहे के समान। इस पारस के संपर्क में आते ही मन के सभी विकार नष्ट हो जाते हैं। उसमें ज्ञान का संचार हो जाता है और वह मोह-माया के बंधन से मुक्त हो जाता है।

राम नाम निज औषधी, सद्‌गुरु दई बताय।
औषधि खाय रु पथ रहै, ताकी बेदन जाय॥

सद्‌गुरु ने सभी विकारों से मुक्ति के लिए राम नाम की औषधि बता दी है। जो नियमपूर्वक, संयम से इस औषधि का सेवन करता है, उसके सारे संकट नष्ट हो जाते हैं।

राम नाम जाना नहीं, लागी मोटी खोर।
काया हाँड़ी काठ की, ना वह चढ़ै बहोर॥

समय रहते राम नाम को जाना नहीं, अब जब अवसर हाथ से निकल गया तो पछताने के सिवा कुछ हाथ नहीं लगता। क्योंकि यह शरीर तो लकड़ी की हाँड़ी के समान है, जो एक ही बार आग पर चढ़ सकता है। अर्थात् मनुष्य जीवन बार-बार नहीं मिलता। इसका सदुपयोग करके प्रभु को पाया जा सकता है।

जबहि राम हिरदै धरा, भया पाप का नाश।
मानो चिनगी आग की, परी पुराने घास॥

जैसे ही हृदय में राम नाम धारण किया, जाने-अनजाने संचित सारे पाप नष्ट हो गए। मानो आग की एक चिंगारी ने पुराने घास-पात को जला डाला हो।

पूँजी मेरी राम है, जाते सदा निहाल।
कबीर गरजे पुरुष बल, चोरी करै न काल॥

मेरी पूँजी तो एकमात्र राम हैं, जो मुझे सदा खुश रखते हैं। कबीर घोषणा करते हुए कहते हैं कि पुरुषार्थ की शक्ति से प्राप्त इस धन को काल भी नहीं चुरा सकता।

कबीर आपन राम कहि, और न राम कहाय।
जा मुख राम न नीसरै, ता मुख राम कहाय॥

कबीर कहते हैं कि एकमात्र राम ही तारणहार हैं, इसलिए आप भी राम कहो, औरों को भी इसके लिए प्रेरित करो। जिसके मुँह से राम नाम का उच्चारण न हो, उसे भी प्रयत्नपूर्वक राम कहने के लिए उत्साहित करना चाहिए।

अस औसर नहिं पाइहो, घरो राम कड़िहार।
भौ सागर तरि जाव जब, पलक न लागे बार॥

मानव जीवन भवसागर से पार पाने का एक दुर्लभ अवसर है। यह अवसर बार-बार नहीं मिलेगा, इसलिए राम नाम में डूबकर मोक्ष पाने की ओर बढ़ो।

कोटि करम कटि पलक में, रंचक आवै राम।
जुग अनेक जो पुन्य करु, नहीं राम बिनु ठाम॥

अपने अंतर्मन को राम में लगाते ही जन्मों-जन्मों के संचित कर्म क्षण भर में नष्ट हो जाते हैं, लेकिन राम नाम के अभाव में अनेक युगों तक पुण्य करने के बाद भी मुक्ति नहीं मिल सकती।

पाहन ही का देहरा, पाहन ही का देव।
पूजनहारा आँधरा, क्यौं करि मानै सेव॥

पत्थर का मंदिर है और उसमें पत्थर ही के देवता हैं। उनकी पूजा-अर्चना करनेवाला भी अज्ञानी-अंधे के समान अर्थात् विवेकहीन है तो देवता उसकी सेवा से कैसे प्रसन्न होंगे?

पाहन ले देवल चुना, मोटी मूरत माँहि।
पिंड फूटि परबस रहै, सो ले तारै काहि॥

पत्थर की चिनाई करके मंदिर बनाया और उसमें पत्थर की ही विशाल मूर्ति लगवा दी। कुछ दिनों बाद वह मूर्ति गिरकर टूट-फूट गई। अरे भाई, वह तो खुद ही अपनी सुरक्षा नहीं कर सकी तो किसी और को कैसे तार सकती है।

कबीर दुनिया देहरै, सीस नवावन जाय।
हिरदै माँहि हरि बसै, तूँ ताहि लौ लाय॥

कबीर कहते हैं कि लोग मंदिर में जाकर पत्थर की मूर्तियों के सामने सिर झुकाते हैं। वे नहीं जानते कि चेतन प्रभु तो हृदय में बसते हैं, तू उन्हीं चेतन प्रभु की भक्ति कर।

कबीर जेता आतमा, तेता सालिगराम।
बोलनहारा पूजिए, नहिं पावन सो काम॥

कबीर कहते हैं कि संसार में जितने भी जीवात्मा या प्राणी हैं, वे सालिग्राम भगवान् के रूप हैं। इसलिए इन बोलनेवाले प्रभु की पूजा करें, पत्थर से कल्याण नहीं होगा।

मन मक्का दिल द्वारिका, काया काशी जान।
दस द्वारे का देहरा, तामें जोति पिछान॥

निष्पाप हृदय को मक्का और द्वारिका समझो, निर्विकार शरीर को काशी। और दस द्वारवाले इस शरीर में स्थित ज्योति-स्वरूप आत्मा को पहचानकर प्रभु-भक्ति करो, उसी में कल्याण है।

जप-तप दीखै थोथरा, तीरथ-व्रत विश्वास।
सूआ सेमल सेइया, यौं जग चला निरास॥

जप, तप और हवन आदि निरर्थक लगते हैं। इसी प्रकार तीर्थ, व्रत और उपवास आदि भी थोथे विश्वास भर हैं। जैसे तोता सेमल के फल को खाकर निराश हो जाता है वैसे ही ये सारे कर्मकांड लोगों को निराश करते हैं।

तीरथ व्रत करि जग मुआ, जूड़े पानी न्हाय।
राम नाम जाने बिना, काल जुगन जुग खाय॥

तीर्थ, व्रत और स्नान करते हुए जगत्वासी मरे जा रहे हैं। यह जन्म-मृत्यु का सिलसिला लगातार चला आ रहा है, क्योंकि बिना सच्चे ईश्वर को पहचाने मुक्ति नहीं मिलती।

मन ही में फूला फिरै, करता हूँ मैं धर्म।
कोटि करम सिर पर चढ़ै, चेति न देखै मर्म॥

दान-धर्म का दिखावा करनेवाले लोग अभिमान में फूले फिरते हैं, लेकिन चेतन आत्मा से यह नहीं देखते कि उनके सिर पर करोड़ों पाप-कर्मों का बोझ चढ़ा है। इस प्रकार वे आत्म-कल्याण के मार्ग से सदा दूर रहते हैं।

अकिल बिहूना आँधरा, गज फंदे पड़ो आय।
ऐसे सब जग बंधिया, काहि कहूँ समुझाय॥

बुद्धिमान लोग नेत्रहीनों के समान होते हैं। जैसे अज्ञानी हाथी बलशाली होकर भी फंदे में फँस जाता है, ऐसे ही सारा संसार अपने भ्रमजाल में बँधा हुआ है। किसे समझाया जाए?

यह मारा जग भरमिया, सबको लगी उपाध।
यहि तारन के कारनै, जग में आए साध॥

मोह-माया की मार से यह सारा जगत् भ्रमजाल में उलझा हुआ है। सबको इस माया ने वश में कर रखा है। संत-महात्मा लोग इस माया से छुटकारा दिलवाने के लिए ही इस संसार में आए हैं। अर्थात् संत जन की संगति से मोह-माया की व्याधि से बचा जा सकता है।

माया का सुख चार दिन, कँह तूँ गहे गँवार।
सपने पायो राज धन, जात न लागे बार॥

मोह-माया चार दिन की चाँदनी के समान है। जो इसके पीछे भागते हैं, वे मूर्ख होते हैं। जैसे सपने में मिली धन-संपदा नींद खुलते ही गायब हो जाती है वैसे ही माया का सुख भी क्षणिक होता है।

गुरु को चेला बीष दे, जो गाँठी होय दाम।
पूत पिता को मारसी, ये माया के काम॥

माया जो करवाए सो कम। गुरु के पास धन-माया होती है तो कुछेक दुष्ट शिष्य उनकी हत्या तक कर डालते हैं और माया के फेर में ही पुत्र पिता को मार देता है। माया यह सब करवाती है।

माया-माया सब कहैं, माया लखै न कोय।
जो मन से ना ऊतरे, माया कहिए सोय॥

सब माया के फेर में पड़े हैं। उसी की माला जपते हैं, लेकिन उसकी सच्चाई जानने की कोशिश नहीं करते। जो विषय-आसक्तियाँ मन से चाहकर भी अलग न की जा सकें, वास्तव में वही माया है।

माया सम नहिं मोहिनी, मन समान नहिं चोर।
हरिजन सम नहिं पारखी, कोई न दीसे ओर॥

इस चराचर जगत् में माया के समान कोई दूसरा मोहनेवाला नहीं है, मन के समान कोई चोर नहीं है, जो किसी को नजर नहीं आता और प्रभु-भक्त के समान कोई ज्ञानी-विवेकी नहीं है। ऐसा यहाँ कोई और नजर नहीं आता।

छाड़ै बिन छूटै नहीं, छोड़नहारा राम।
जीव जतन बहुतरि करै, सरे न एकौ काम॥

बिना राम नाम के सहारे मोह-माया को छोड़ना बहुत कठिन है। जीव चाहे जितनी कोशिश कर ले, लेकिन विषय-आसक्तियों को छोड़े बिना माया को नहीं जीता जा सकता।

मन ते माया ऊपजै, माया तिरगुण रूप।
पाँच तत्त्व के मेल में, बाँध सकल सरूप॥

माया मन की प्रेरणा से उत्पन्न होती है। इसके त्रिगुणी—सतोगुणी, रजोगुणी और तमोगुणी—रूप होते हैं। पंच तत्त्वों (पृथ्वी, वायु, अग्नि, जल और आकाश) से बने शरीर से ही इसने अपने स्वरूप का निर्माण कर रखा है।

कामी कबहुँ न गुरु भजै, मिटै न संसै सूल।
और गुनह सब बख्शिहैं, कामी डाल न मूल॥

कामी आदमी कभी भी गुरु-भक्ति या प्रभु-भक्ति में मन नहीं लगा सकता, इसलिए उसके भ्रम और संदेहों का निवारण नहीं हो पाता। सारे पाप तो क्षमा किए जा सकते हैं, लेकिन काम महापाप है, जिसे कदापि क्षमा नहीं किया जा सकता।

कामी तो निरभय भया, करै न काहूँ संक।
इंद्री केरे बसि पड़ा, भुगते नरक निसंक॥

कामी आदमी निर्लज्ज होता है, इसलिए उसे किसी का भय नहीं होता। वह तो केवल इंद्रियों का दास बनकर विषय-आसक्तियों के नरक में पड़ा रहता है।

मन के हारे हार है, मन के जीते जीत।
कहैं कबीर गुरु पाइए, मन ही के प्रतीत॥

यदि आपका मन थककर हार मान लेता है तो आपकी हार हो जाती है और यदि आपका मन उत्साहित होकर जीत की ठान लेता है तो निश्चित आपकी जीत होती है। कबीर कहते हैं कि इसी प्रकार जब आप सच्चे गुरु से मिलने की ठान लेते हैं तो सद्गुरु आपको मिलकर ही रहते हैं।

मन चलताँ तन भी चलै, ताते मन को घेर।
तन-मन दोऊ बसि करै, राई होय सुमेर॥

हमारा यह शरीर मन के अनुसार ही चलता है, इसलिए पहले इस पर नियंत्रण करने की कोशिश करो। जो आदमी अपने शरीर और मन दोनों को वश में कर लेता है, वह जल्दी ही राई से सुमेरु पर्वत के समान वैभववान् बन जाता है।

महमंता मन मारि ले, घट की माँही घेर।
जब ही चालै पीठ दे, आंकुस दे-दे फेर॥

इस चंचल और स्वच्छंद मन को शरीर के बाहर मत निकलने दें। अंदर ही कैद करके नियंत्रित करें। यह जैसे ही उठकर चलने को हो, इसे ज्ञान-अंकुश से प्रताड़ित करके वहीं भेज दें। अर्थात् मन को ज्ञान, ध्यान, तप, चिंतन, अध्यात्म से नियंत्रित करें।

मन मनसा जब जायगी, तब आवैगी और।
जब ही निहचल होयगा, तब पावैगा ठौर॥

जब मन की सभी इच्छाएँ, कामनाएँ संतुष्ट-शांत हो जाएँगी, तब इसकी आभा ही कुछ और हो जाएगी। जब यह बिलकुल सध जाएगा, तब इसे इसका असली ठिकाना मिल जाएगा।

जेती लहर समुद्र की, तेती मन की दौर।
सहजै हीरा नीपजै, जो मन आवै ठौर॥

समुद्र में लाखों लहरें बनती और मिटती रहती हैं। इसी प्रकार मन में भी विचारों की अनगिनत लहरें होती हैं। यदि इस मन को किसी प्रकार सहज और शांत कर लिया जाए तो इससे सत्य-ज्ञान का अमूल्य हीरा प्राप्त किया जा सकता है।

पहिले यह मन काग था, करता जीवन घात।
अब तो मन हंसा भया, मोती चुनि-चुनि खात॥

जब मन में अज्ञान का अँधेरा था तो यह मन कौए की तरह मूर्ख था और जीव-हत्या में लगा रहता था। अब सत्य ज्ञान पाकर यह मन हंस की भाँति हो गया है और ज्ञान तथा विवेक के मोती चुन-चुनकर खाता है।

चिंता चित्त बिसारिए, फिर बूझिए नहिं आन।
इंद्री पसारा मेटिए, सहज मिलै भगवान॥

चिंता को चिता की भाँति कहा गया है, इसलिए इसे मन से खुरचकर अलग कर दें, फिर भविष्य में इसके बारे में कभी नहीं सोचें। बाद में अपनी इंद्रियों को विषय-वासनाओं के प्रति भटकने से रोक लें। इस प्रकार सहज ही प्रभु मिल जाएँगे।

कागद केरी नाव री, पानी केरी गंग।
कहैं कबीर कैसे तिरे, पाँच कुसंगी संग॥

तेरा यह कागज की तरह नाशवान् शरीर विषय-वासनाओं की नदी में धँसा पड़ा है। कबीर कहते हैं, यह तैर ही कैसे सकता है, जब इस पर पाँच दुष्ट

(पाँच ज्ञानेंद्रियाँ) सवार हैं। अर्थात् ज्ञानेंद्रियों को नियंत्रित किए बिना मुक्ति संभव नहीं है।

निहचिंत होय के गुरु भजै, मन में राखै साँच।
इन पाँचों को बसि करै, ताहि न आवै आँच॥

जो आदमी सत्य-निष्ठा के साथ सभी चिंताओं को त्यागकर केवल अपने गुरु या प्रभु का भजन करता है और अपनी पाँचों ज्ञानेंद्रियों को वश में रखता है, उस पर कभी कोई दुःख या पीड़ा असर नहीं करती।

सुमिरन मारग सहज का, सद्‌गुरु दिया बताय।
साँस साँस सुमिरन करूँ, इक दिन मिलसी आय॥

अन्य साधनाओं की अपेक्षा राम नाम सुमिरन का मार्ग सरल और सहज है, जो मुझे सद्‌गुरु ने बता दिया है। अब मेरी साँस-साँस राम नाम का स्मरण कर रही है और मुझे विश्वास है कि एक दिन मुझे प्रभु के दर्शन होंगे।

सुमिरन की सुधि यौं करो, जैसे कामी काम।
एक पलक बिसरै नहीं, निश दिन आठौ जाम॥

जैसे कामी पुरुष हर समंय विषय-आसक्ति के बारे में चिंतन करता रहता है, उसी युक्ति से नाम-सुमिरन के मार्ग पर बढ़ा जा सकता है। दिन-रात, आठों पहर अपलक नाम-सुमिर में लगे रहें।

सुमिरन सों मन लाइए, जैसे दीप पतंग।
प्राण तजे छिन एक में, जरत न मोरै अंग॥

मन को सुमिरन में ऐसे लगाएँ जैसे दीपक से पतंगा लगाता है। वह निडर होकर क्षण भर में जल मरता है, लेकिन पीछे नहीं हटता।

सुमिरन सों मन जब लगै, ज्ञानांकुस दे सीस।
कहैं कबीर डोलै नहीं, निश्चै बिस्वा बीस॥

यह मन सुमिरन में तभी लगता है जब इस पर ज्ञान के अंकुश को चुभोया जाता है। कबीर कहते हैं, फिर मन नहीं डोलता, निश्चित ही सुमिरन लग जाता है।

सुमिरन सुरति लगाय के, मुख ते कछू न बोल।
बाहर के पट देय के, अंतर के पट खोल॥

मन को सुमिरन में लगाकर मुख बंद कर लें। शांत होकर बाहरी शरीर के द्वार बंद कर लें, अर्थात् बाहरी इंद्रियों पर नियंत्रण करके भीतरी द्वार खोलकर साधना करें।

सहकामी सुमिरन करै, पावै उत्तम धाम।
निहकामी सुमिरन करै, पावै अविचल राम॥

जो फल की इच्छा से प्रभु-स्मरण करते हैं, उन्हें उत्तम फल प्राप्त होते हैं और जो निष्काम भाव से सुमिरन करते हैं, उन्हें आत्म-साक्षात्कार होता है और अपने प्रभु के दर्शन होते हैं।

थोड़ा सुमिरन बहुत सुख, जो करि जानै कोय।
हरदी लगै न फिटकरी, चोखा ही रंग होय॥

प्रभु का थोड़ा भी स्मरण-भजन बहुत सुखदायक होता है। इसे करने वाला ही समझ सकता है। इसमें खर्चा भी कुछ नहीं होता। न हल्दी लगती है, न फिटकरी—फिर भी अच्छा रंग चढ़ता है।

कबीर सुमिरन सार है, और सकल जंजाल।
आदि अंत मधि सोधिया, दूजा देखा काल॥

कबीर कहते हैं कि सुमिरन ही सार है, बाकी सब बेकार है, व्यर्थ की परेशानियाँ हैं। मैंने शुरू, मध्य और अंत सब जगह जाँच-परखकर देख लिया है, इसके अलावा सब मृत्यु-तुल्य है।

जीना थोड़ा ही भला, हरि का सुमिरन होय।
लाख बरस का जीवना, लेखै धरै न कोय॥

वह जीवन थोड़ा भी सुखकर और कल्याणकारी होता है, जिसमें प्रभु का सुमिरन किया गया हो। इसके बिना लाख वर्षों का जीवन भी व्यर्थ और सारहीन होता है, उसका हिसाब-किताब कौन रख सकता है।

वादा विवादाँ मत करो, करु नित एक विचार।
नाम सुमिर चित लायके, सब करनी में सार॥

वाद-विवाद मत करो, तर्क-वितर्क मत करो, बस केवल एक ईश्वर का स्मरण करो, मन लगाकर उसी का सुमिरण करना सभी कर्मों का सार है।

सो गुरु निसदिन बंदिए, जासों पाया राम।
नाम बिना घट अंध है, ज्यों दीपक बिन धाम॥

जिस गुरु ने राम नाम को सिद्ध कर लिया हो, उसे ईश्वर की तरह पूजो; क्योंकि जैसे दीपक के बिना घर में अँधेरा होता है, वैसे ही राम नाम के बिना शरीर रूपी घर में अँधेरा बना रहता है।

आगे अंधा कूप में, दूजा लिया बुलाय।
दोनों डूबे बापुरे, निकसे कौन उपाय॥

यदि गुरु ही अज्ञानी हो, अंधा हो और वह शिष्य बना ले तो दोनों ही नेत्रहीन जैसे हो जाते हैं। फिर उनका कल्याण असंभव होता है।

पूरा सद्‌गुरु न मिला, सुनी अधूरी सीख।
स्वाँग यती का पहिन के, घर-घर माँगी भीख॥

जिसे पूर्ण ज्ञानी गुरु नहीं मिलता उसका ज्ञान भी आधा-अधूरा होता है। फिर यदि वह संत का वेश रखकर घर-घर भीख भी माँगे तो भी उसका कल्याण नहीं होता।

जा गुरु तें भ्रम ना मिटे, भ्रांति न जिवकी जाय।
सो गुरु झूठा जानिए, त्यागत देर न लाय॥

जो गुरु आपकी जिज्ञासाओं को शांत न कर सके, उसे झूठा समझें और उसका अविलंब त्याग कर दें, क्योंकि वहाँ आपका समय व्यर्थ होगा।

जा गुरु को तो गम नहीं, पाहन दिया बताय।
शिष शोधे बिन सेइया, पार न पहुँचा जाय॥

जो गुरु ज्ञान-अज्ञान का भेद जाने बिना शिष्य को पत्थर की मूर्तियाँ पूजने का ज्ञान दे देता है वह शिष्य को जाने-समझे बिना ऐसा करता है। वह मार्ग कल्याण का नहीं हो सकता।

सद्गुरु ऐसा कीजिए, लोभ मोह भ्रम नाहिं।
दरिया सो न्यारा रहे, दीसे दरिया माहिं॥

सद्गुरु ऐसा दीजिए जिसमें लोभ, मोह और भ्रम आदि जैसे अवगुण न हों और जो संसार-सागर में नदी के समान परोपकारी के रूप में अलग-अलग दिखाई दे।

गुरु नाम है गम्य का, शीष सीख ले सोय।
बिनु पद बिनु मरजाद नर, गुरु शीष नहिं कोय॥

गुरु सीख देते हैं और शिष्य ग्रहण करते हैं। इन दोनों की अपनी-अपनी मर्यादाएँ हैं और इन्हें इसी के अनुसार अपने धर्म का निर्वहन करना चाहिए।

जिन ढूँढ़ा तिन पाइयाँ, गहिरे पानी पैठ।
मैं बपुरा बूड़न डरा, रहा किनारे बैठ॥

गहरे सागर में डूबकर ही मोती और रत्न ढूँढे जा सकते हैं। किनारे पर डरकर बैठे रहने से कुछ हाथ नहीं लगता। अर्थात् सद्गुरु की सच्ची भक्ति से ही सच्चा ज्ञान हासिल किया जा सकता है।

हिरदे ज्ञान न ऊपजै, मन परतीत न होय।
ताको सद्गुरु कहा करे, घनघसि कुल्हर न होय॥

जिसके हृदय में श्रद्धा का अभाव हो वहाँ ज्ञान का दीपक नहीं जलता। सद्गुरु भी ऐसे लोहे को घिसकर कुल्हाड़ी नहीं बना सकता।

शिष्य पूजै गुरु आपना, गुरु पूजे सब साध।
कहैं कबीर गुरु शीष को, मत है अगम अगाध॥

शिष्य गुरु को पूजता है और गुरु साधु-संतों को। कबीर कहते हैं, गुरु और शिष्य की यह मर्यादा साधारण लोग नहीं समझ सकते। इसे ये दोनों अपना कर्तव्य-कर्म समझते हैं।

स्वामी सेवक होय के, मन ही में मिलि जाय।
चतुराई रीझे नहीं, रहिए मन के माँय॥

स्वामी और सेवक को हिल-मिलकर रहना चाहिए। चतुराई या चालाकी

से एक-दूसरे को नहीं मनाना चाहिए, क्योंकि ऐसा व्यवहार हानि का कारण बनता है।

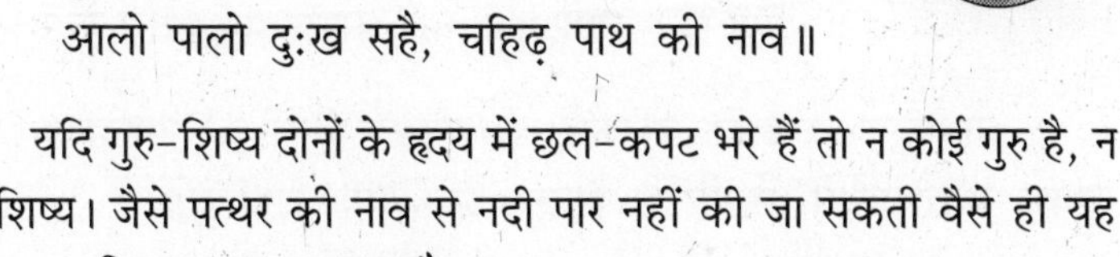

गुरु भया नहिं शिष भया, हिरदे कपट न जाव।
आलो पालो दुःख सहै, चहिढ़ पाथ की नाव॥

यदि गुरु-शिष्य दोनों के हृदय में छल-कपट भरे हैं तो न कोई गुरु है, न कोई शिष्य। जैसे पत्थर की नाव से नदी पार नहीं की जा सकती वैसे ही यह संबंध अवनति का कारण बनता है।

कबीर हरिरस बरसिया, गिरि परवत सिखराय।
नीर निवानू ठाहरै, ना वह छापर डाय॥

कबीर कहते हैं कि वर्षा सभी स्थानों पर समान रूप से होती है, लेकिन पानी ऊँचे-नीचे खाली स्थानों पर ही एकत्र होता है; वैसे ही ज्ञान भी निर्मल व रिक्त हृदय में ही ठहरता है।

अपने पहरै जागिये, ना परि रहिए सोय।
ना जानौ छिन एक में, किसका पहिरा होय॥

यह समय आपका अपना समय है, इसमें अपनी आँखें खुली रखें। सोना मना है। क्योंकि अगला क्षण पता नहीं किसके अधिकार में चला जाए। इसलिए जो करना है, जल्दी करें।

नींद निशानी मौत की, उठु कबीरा जाग।
और रसायन छाँड़िके, राम रसायन लाग॥

कबीर कहते हैं, उठो, जागो, मोह-माया की यह नींद मृत्यु की निशानी है। इसलिए अन्य सभी रसायन छोड़कर राम रसायन का सेवन करो, जो सभी नींदों को हर लेता है।

कबीर क्षुधा है कूकरी, करत भजत में भंग।
वाकूँ टुकड़ा डारि के, सुमिरन करूँ सुरंग॥

कबीर कहते हैं कि भूख कुतिया के समान होती है, जो भजन में बाधा उत्पन्न करती है। इसलिए उसे रोटी का टुकड़ा डालकर शांत करते रहो, ताकि

राम-सुमिरन में बाधा न आए। अर्थात् भजन के लिए पेट का भरा होना आवश्यक है।

जो कोय सुमिरन अंग को, पाठ करे मन लाय।
भक्ति ज्ञान मन ऊपजै, कहैं कबीर समुझाय॥

कबीर कहते हैं कि जो कोई श्रद्धापूर्वक सुमिरन को अपनाएगा उसका जीवन भक्तिभाव से सराबोर हो जाएगा, इसमें संदेह नहीं है।

जो तोको काटा बुवै, ताहि बुवै तू फूल।
तोहि फूल को फूल है, वाको है तिरशूल॥

जो तुम्हारे पथ में काँटे बोता है, तुम उसका फूलों से स्वागत करो। इस प्रकार क्योंकि तुमने फूल बोए हैं, इसलिए तुम्हें फूल ही वापस मिलेंगे और उसके काँटे उसे त्रिशूल बनकर वापस मिलेंगे। अर्थात् बुरे के साथ भी हमेशा भलाई करो।

दुरबल को न सताइए, जाकी मोटी हाय।
बिना जीव की साँस से, लौह भसम ह्वै जाय॥

कमजोर को कभी न सताएँ। इनकी बद्दुआ बहुत असरदार होती है, जो आपको नष्ट कर सकती है। जैसे निर्जीव चमड़े की धौंकनी अपनी साँस से लोहे जैसी धातु को भी भस्म कर देती है।

धर्म किए धन ना घटै, नदी न घट्टै नीर।
अपनी आँखों देखि ले, यों कथि कहहिं कबीर॥

दान-धर्म करने से धन नहीं घटता, जैसे नदी निरंतर बहती रहती है, लेकिन उसका पानी खत्म नहीं होता। कबीर कहते हैं, यदि आपको भरोसा न हो तो दान-धर्म करके देख लें।

कबीर यह तन जात है, सको तो राखु बहोर।
खाली हाथों बह गए, जिनके लाख करोर॥

कबीर कहते हैं, यह तन क्षण-क्षण मृत्यु की ओर बढ़ रहा है। समय पर चेत जाओ और अपने कल्याण के उपाय कर लो। जिनके पास लाखों-करोड़ों

होते हैं, वे भी यहाँ से कुछ लेकर नहीं जाते।

हस्ती चढ़िए ज्ञान का, सहज दुलीचा डार।
स्वान रूप संसार है, भूँकन दे झकमार॥

अपने स्वाभाविक रूप में ज्ञान के हाथी पर सवार होकर चलते रहिए। यह संसार तो ज्ञानशून्य कुत्ते के समान है। यह तो भौंक-भाँककर चुप हो जाएगा। अर्थात् सत्य ज्ञान के मार्ग के अवरोधों की चिंता न करें। सहजता से उस पर आगे बढ़ते रहें। मार्ग अपने आप बनता जाएगा।

उदर समाता अन्न ले, तनहि समाता चीर।
अधिकहिं संग्रह ना करै, तिसका नाम फकीर॥

जो पेट भरने लायक अन्न और शरीर ढँकने लायक वस्त्र ले, इससे अधिक का लोभवश संग्रह न करे, वही सच्चा फकीर है।

सहज मिले सो दूध है, माँगि मिले सो पानि।
कहैं कबीर वह रक्त है, जामें ऐंचा-तानि॥

जो चीज बिना माँगे स्वत: मिल जाए, वह दूध के समान है; जो माँगकर मिले, वह पानी के समान और कबीर कहते हैं कि जो चीज जबरदस्ती मिले उसे खून के समान मानो।

आब गया आदर गया, नैनन गया सनेह।
यह तीनों तबही गए, जबहिं कहा कछु देह॥

चमक, आदर और आँखों का प्रेम—सब समाप्त हो गए। जैसे ही हम कुछ माँगते हैं, इन तीनों गुणों का अभाव हो जाता है। अर्थात् माँगना बहुत बुरा है।

कबीर संगत साधु की, नित प्रति कीजै जाय।
दुरमति दूर बहावसी, देसी सुमति बताय॥

कबीर कहते हैं कि सज्जन लोगों की संगत करनी चाहिए। इससे बुद्धि के विकार नष्ट होते हैं और सद्बुद्धि आती है।

कबीर संगत साधु की, जौ की भूसी खाय।
खीर खांड भोजन मिलै, साकट संग न जाय॥

कबीरदासजी कहते हैं कि साधु की संगत में यदि स्वादहीन भोजन या जौ की भूसी का भोजन मिले तो भी उसे प्रेमपूर्वक ग्रहण करना चाहिए लेकिन दुष्ट के साथ यदि खीर-पूड़ी आदि स्वादिष्ट भोजन मिले तो भी उसका त्याग कर देना चाहिए।

एक घड़ी आधी घड़ी, आधी में पुनि आध।
कबीर संगत साधु की, कटै कोटि अपराध॥

कबीर कहते हैं कि एक घड़ी, आधी घड़ी या चौथाई घड़ी—जितना भी समय मिले, सत्संग अवश्य करना चाहिए, इससे मनुष्य के जाने-अनजाने करोड़ों-करोड़ पाप नष्ट हो जाते हैं।

कबीर कलह रु कल्पना, सत्संगति से जाय।
दुःख वासो भागा फिरै, सुख में रहे समाय॥

कबीरदासजी कहते हैं कि कलह, क्लेश और आकांक्षाएँ साधु जन की संगति से शांत हो जाते हैं। सत्संगति से तो दुःख भी भागा-भागा फिरता है। उसे कहीं ठिकाना नहीं मिलता तो वह भी सुख में बदल जाता है।

भुवंगम बास न बेधई, चंदन दोष न लाय।
सब अँग तो विष सों भरा, अमृत कहाँ समाय॥

सर्प चंदन से लिपटे रहें और चंदन की सुगंध उनमें न समाए तो इसमें चंदन का कोई दोष नहीं है; क्योंकि उनका तो पूरा शरीर ही विष भरा है। ऐसे में अमृत रूपी गंध उनमें कैसे समा सकती है। इसी प्रकार दुष्ट लोगों पर भी सत्संग का प्रभाव नहीं पड़ता।

कबीर कुसंग न कीजिए, पाथर जल न तिराय।
कदली सीप भुजंग मुख, एक बूँद तिर भाय॥

कबीर कहते हैं कि कुसंगति कभी मत करो। जैसे पत्थर पर बैठकर नदी पार नहीं की जा सकती, वैसे ही कुसंग से भला नहीं हो सकता। स्वाति नक्षत्र में जल की एक बूँद केले में पड़कर कपूर, सीप में पड़कर मोती और सर्प के मुँह में पड़कर जहर बन जाती है। इसी प्रकार जैसी संगति की जाती है, वैसा ही प्रभाव पड़ता है।

माटी कहै कुम्हार सो, क्या तू रौंदे मोहि।
एक दिन ऐसा होयगा, मैं रौंदूँगी तोहि॥

माटी कुम्हार से कहती है, तू जीवन भर मुझे रौंदता रहता है लेकिन एक दिन मेरा भी आएगा जब मैं तुझे रौंदूँगी और वह तेरा अंतिम दिन होगा। अर्थात् सभी से सज्जनता से पेश आना चाहिए, क्योंकि वक्त का कोई भरोसा नहीं है।

राम नाम जाना नहीं, चूके अबकी घात।
माटी मिलन कुम्हार की, घनी सहेगा लात॥

राम नाम के महत्त्व को इस बार भी तुमने नहीं समझा तो तुम्हें बहुत दुःख और कष्ट उठाने पड़ेंगे। जैसे मिट्टी और कुम्हार का जब मिलन होता है तो मिट्टी को पैरों तले कुचलकर कष्ट सहना पड़ता है।

कहा किया हम आयके, कहा करेंगे जाय।
इत के भए न ऊत के, चाले मूल गँवाय॥

इस संसार में रहकर हमने कुछ नहीं किया तो यहाँ पे जाकर भी क्या कर लेंगे? न तो हम मोह-माया में स्थिर रह पाए, न मुक्ति के लिए प्रयास कर पाए; बल्कि अपना मानव जीवन, अपना मूल भी व्यर्थ ही गँवा दिया।

यह तन काचा कुंभ है, लिया फिरै था साथ।
ढपका लागा फुटि गया, कछू न आया हाथ॥

यह शरीर तो कच्चे घड़े के समान है, जिसे हम मोहवश पालते-पोसते हैं और साथ लिये घूमते हैं। यह काल का एक धक्का भी नहीं सह सकता और टूट जाता है, फिर हाथ में कुछ नहीं रहता। सिवा पछतावे के कुछ हाथ नहीं लगता।

यह तन काचा कुंभ है, माहिं किया रहि वास।
कबीर नैन निहारिया, नहिं जीवन की आस॥

अविनाशी आत्मा का निवास-स्थान यह शरीर तो कच्चे मटके की तरह होता है, जो हलकी-सी चोट भी नहीं सह सकता। कबीर कहते हैं कि मैंने अच्छी तरह देख-परख लिया है, अब जीवन की आशा बेकार है। मृत्यु अटल है।

दुनिया सेती दोसती, होय भजन में भंग।
एका एकी राम सों, कै साधुन के संग॥

सांसारिक लोगों से दोस्ती रखने से भक्ति-भजन में बाधा खड़ी होती है, इसलिए या तो अकेले रहकर या साधु-संतों के साथ ही भक्ति करनी चाहिए।

कुल खोए कुल ऊबरै, कुल राखै कुल जाय।
राम निकुल कुल भेटिया, सब कुल गया बिलाय॥

जो अपने वंश का अहंकार नहीं रखता, उसकी खूब उन्नति होती है। इसके विपरीत आचरण करनेवाला बरबाद हो जाता है। जिसके हृदय से कुल-जाति का अहं बिलकुल नष्ट हो जाता है, वह आत्मज्ञान पा लेता है और उसका कुलभाव विलीन हो जाता है।

परदे रहती पदमिनी, करती कुल की कान।
घड़ी जु पहुँची काल की, छोड़ भई मैदान॥

जो सुंदर, सुशील और गुणी पत्नी परदे में रहती थी और कुल की मान-मर्यादा की रक्षा करती थी, काल के आते ही घर का परदा छोड़कर लोगों के बीच आ लेटी है। अर्थात् काल पर किसी का वश नहीं चलता। वह सर्वोपरि है।

चले गए सो ना मिले, किसको पूँछू बात।
मात-पिता सुत बांधवा, झूठा सब संघात॥

दुनिया से सब जा रहे हैं और जाने के बाद फिर कभी उनसे मुलाकात नहीं होती। अब मैं किससे हाल-चाल पूछूँ। यहाँ तो माता, पिता, पुत्र और अन्य सभी सांसारिक रिश्ते झूठे हैं।

कबीर लहरि समुद्र की, मोती बिखरे आय।
बगुला परख न जानई, हंसा चुनि-चुनि खाय॥

समुद्र अपनी लहरों के साथ किनारे को मोतियों से भर देता है, लेकिन बगुलों को उनकी परख नहीं होती; जबकि हंस उन्हें चुन-चुनकर खा लेता है। उसी प्रकार ज्ञान रूपी मोतियों को भी हंस रूपी विद्वान् सद्गुणी ही चुनकर ग्रहण करते हैं।

कंचन मेरु अरपहीं, अरपै कनक भंडार।
कहैं कबीर गुरु बेमुखी, कबहुँ न पावै पार॥

मेरु पर्वत के बराबर सोने का दान कर दें, चाहे सोने के भंडार दे दें, लेकिन गुरु से विमुक्त व्यक्ति का कभी कल्याण नहीं हो सकता।

साकट कहा न कहि चलै, सुनहा कहा न खाय।
जो कौआ मठ हगि भरै, तो मठ को कहा नशाय॥

मूर्ख व्यक्ति कुछ भी अंट-शंट बक देता है, कुत्ता सबकुछ खा लेता है, लेकिन इससे सज्जन लोगों का कोई अहित नहीं होता। जैसे कौए के बीट कर देने से मंदिर अपवित्र नहीं होता।

साकट सूकर कूकरा, तीनों की गति एक।
कोटि जतन परमोधिए, तऊ न छाड़ै टेक॥

निगुरे आदमी, सूअर और कुत्ते—तीनों की आदत एक जैसी होती है। इन्हें लाख बदलने की कोशिश करो, लेकिन वे अपनी हठ नहीं छोड़ते।

साकट ते संत होत है, जो गुरु मिले सुजान।
राम-नाम निज मंत्र दे, छुड़वै चारों खान॥

अच्छा गुरु निगुरे आदि को भी गुणी बना सकता है। वह राम नाम का महामंत्र देकर उसका खोटे से खरा बना सकता है।

आँखौं देखा घी भला, ना मूल मेला तेल।
साधू सों झगड़ा भला, ना सवाकट सों मेल॥

घी को देखकर ही मन खुश हो जाता है, लेकिन तेल मुँह में डला भी बेस्वाद लगता है। उसी प्रकार सज्जन लोगों से झगड़ा भी सुखकर और निर्णायक हो सकता है, जबकि निर्गुणी से झगड़ा तो दूर, मेल-मिलाप भी हानिकारक होता है।

हरिजन की लाताँ भलीं, बुरि साकट की बात।
तालों में सुख ऊपजे, बाहे इज्जत जात॥

संत-महात्माओं और हरि-भक्तों की तो लातें भी आशीर्वाद की तरह हो

सकती हैं, जबकि निगुरे लोगों की बातें भी घातक। क्योंकि निर्गुणी का साथ भी बदनामी का कारण बनता है, जबकि संतों का क्रोध भी सुखदायक।

साधु बिरछ सतज्ञान फल, शीतल शब्द विचार।
जग में होते साधु नहिं, जर मरता संसार॥

साधुजन सुखद वृक्ष के समान हैं, जिनके फल सत्य ज्ञान के समान और वाणी मन को हरने वाली है। यदि संसार में साधुजन नहीं होते तो यह अज्ञान की आग में जलकर राख हो जाता है।

साधु बड़े परमारथी, घन ज्यों बरसे आय।
तपन बुझावैं और की, अपनो पारस लाय॥

जैसे बादल उमड़-घुमड़कर आते हैं और सबकी प्यास व तपन शांत करते हैं, वैसे ही साधु भी बड़े परोपकारी होते हैं, जो अपने पारस तुल्य स्पर्श से लोहे को भी स्वर्ण बना देते हैं।

बिरछा कबहूँ न फल भखै, नदी न अँचवै नीर।
परमारथ के कारने, साधू धरा शरीर॥

वृक्ष कभी अपने फल नहीं खाते, न नदी कभी अपना पानी पीती है। अर्थात् ये अपना सबकुछ लोगों को दे देते हैं। उसी प्रकार साधु-संत भी परोपकार के लिए ही जीवन ग्रहण करते हैं।

जाति न पूछो साधु की, पूछि लीजिए ज्ञान।
मोल करो तरवार का, पड़ा रहन दो म्यान॥

साधु या विद्वान् की जात-पात-वर्ण आदि न पूछकर उनका केवल ज्ञान तौलना चाहिए। जैसे मोल-भाव तलवार का किया जाता है, म्यान की कोई अहमियत नहीं होती।

साधुन की झुपड़ी भली, न साकट को गाँव।
चंदन की कुटकी भली, ना बबूल बनराव॥

साधु की छोटी-सी झोंपड़ी भी भली होती है, लेकिन निर्गुणी का पूरा

गाँव भी अच्छा नहीं होता। उसी प्रकार बबूल के वन से चंदन का एक टुकड़ा श्रेष्ठ है, क्योंकि साधु की झोंपड़ी में ज्ञान की बातें होती हैं, वहीं निगुरा के गाँव में अज्ञान और झगड़े व्याप्त होते हैं।

बड़ा हुआ तो क्या हुआ, जैसे पेड़ खजूर।
पंथी को छाया नहीं, फल लागे अति दूर॥

खजूर के पेड़ की भाँति बड़े होने का कोई फायदा नहीं है, क्योंकि इससे न तो यात्रियों को छाया मिलती है, न इसके फल आसानी से तोड़े जा सकते हैं। अर्थात् बड़प्पन के प्रदर्शन मात्र से किसी का लाभ नहीं होता।

ऊँचा देखि न राचिए, ऊँचा पेड़ खजूर।
पंखि न बैठे छाँयड़े, फल लागा पै दूर॥

किसी का ऊँचा महल, मान-सम्मान देखकर भ्रम में न पड़ें। ऊँचा तो खजूर का पेड़ भी होता है, लेकिन न तो उसकी छाया पक्षियों को आश्रय देती है, न फल सहजता से मिलते हैं।

ऊँचा पानी ना टिकै, नीचै ही ठहराय।
नीचा होय सो भरि पिए, ऊँच पियासा जाय॥

पानी ऊँचे टीलों व पहाड़ों आदि पर नहीं टिकता, वह गड्ढों और नीची भूमि में ही जाकर ठहरता है। जो आदमी नीचे झुककर अंजुली भी भरकर पानी ग्रहण करता है, उसकी प्यास बुझ जाती है और जो झुकने में हीनता समझता है, वह प्यासा ही रह जाता है। अर्थात् शिक्षा और ज्ञान झुककर ही पाए जा सकते हैं।

जौन मिला सो गुरु मिला, चेला मिला न कोय।
चेला को चेला मिलै, तब कुछ होय तो होय॥

संसार में जो भी मिलता है, अपने को गुरु दरशाता है, कोई शिष्य के रूप में नहीं मिलता। जब किसी सच्चे प्रभु-भक्त शिष्य को ऐसा ही कोई सच्चा सेवक-शिष्य मिलता है, तभी सत्य-ज्ञान की प्राप्ति होती है। अर्थात् योग्य गुरु को योग्य शिष्य मिलने पर ही ज्ञान-चर्चा का उद्देश्य पूरा होता है।

लेने को हरिनाम है, देने को अन्नदान।
तरने को है दीनता, बूड़न को अभिमान॥

संसार में नाम-जप करने के लिए प्रभु-नाम है, दान के लिए अन्न है, मुक्ति के लिए विनम्र भक्ति और डूब मरने के लिए अभिमान है।

पाहन को क्या पूजिए, जो नहिं देय जवाब।
अंधा नर आशा मुखी, यौं ही खोवै आब॥

दुनियावालो! पत्थर को मत पूजो। वह तुम्हारी बात का उत्तर कभी नहीं देगा। तुम अज्ञानता में आशा बाँधे बैठे रहोगे और ऐसे ही अपने महत्त्व को खो दोगे।

पाहन पानि न पूजिए, सेवा जासी बाद।
सेवा कीजै साधु की, राम नाम कर याद॥

अपने उद्धार की आशा से पत्थर (मूर्तियों) और पानी (नदियों) की पूजा न करें। यह निरर्थक है। कल्याण चाहते हो तो साधु-संतों की सेवा करो और राम-नाम का स्मरण।

बोलै बोल विचारि के, बैठै ठौर सँभारि।
कहैं कबीर ता दास को, कबहु न आवै हारि॥

जो आदमी शब्दों को तौल-मोलकर, सोच-विचारकर बोलता है और अपनी हैसियत के अनुसार बैठता है, कबीर कहते हैं ऐसा दास-भक्त कभी पराजित नहीं होता। उसके सभी काम सफल होते हैं।

जंत्र-मंत्र सब झूठ है, मति भरमो जग कोय।
सार शब्द जानै बिना, कागा हंस न होय॥

यंत्र-मंत्र-तंत्र और टोने-टोटके सब झूठे हैं। इनके भ्रम-जाल में नहीं फँसना चाहिए। जो आदमी सत्य वाणी बोलना नहीं जानता हो, वह ज्ञानी नहीं हो सकता। जैसे कौआ लाख चाहकर भी हंस नहीं बन सकता।

सार शब्द जानै बिना, जिव परलै में जाय।
काया-माया थिर नहीं, शब्द लेहु अरथाय॥

शब्द-ब्रह्म के यथार्थ को जाने बिना यह जीव प्रलय के फंदे में, अर्थात् जीवन-मृत्यु के चक्र में उलझा रहता है। स्मरण रखें, शरीर और धन नाशवान् हैं, केवल प्रभु का नाम ही यथार्थ है।

कर्म फंद जग फंदिया, जप-तप पूजा-ध्यान।
जाहि शब्द ते मुक्ति हो, सो न परा पहिचान॥

कर्म के फंदे में फँसे लोग जप, तप, पूजा और ध्यान को ही मुक्ति का साधन समझ लेते हैं। लेकिन जिस शब्द-बोध—आत्म-साक्षात्कार से मुक्ति संभव है, उसे वे नहीं पहचान पाते।

जिहि शब्दे दु:ख ना लगे, सोई शब्द उचार।
तपत मिटी सीतल भया, सोइ शब्द ततसार॥

केवल उन्हीं शब्दों का उच्चारण करें, जिनसे किसी को दु:ख-तकलीफ न पहुँचे। जिन शब्दों से लोगों के कष्ट दूर हों, उनके मन शीतल पड़ जाएँ, वे ही सार-शब्द, सत्य-शब्द होते हैं।

कागा काको धन हरै, कोयल काको देत।
मीठा शब्द सुनाय के, जग अपनो करि लेत॥

सोचें—कौआ हमारे घर चोरी करता है या कोयल हमें कुछ देती है क्या? कोयल मीठी बोलकर ही सारी दुनिया को अपना बना लेती है और कौए की काँव-काँव सुनकर सब उसे प्रताड़ित करते हैं।

जिभ्या जिन बस में करी, तिन बस किया जहान।
नहिं तो औगुन ऊपजे, कहि सब संत सुजान॥

जिसकी जीभ उसके वश में है, वह दुनिया को अपने वश में कर लेता है। जो इसके विपरीत होता है, वह उसके अवगुणों में लिप्त हो जाता है, यह संत-महात्माओं का कथन है।

स्वारथ का सबको सगा, सारा ही जग जान।
बिन स्वारथ आदर करै, सो नर चतुर सुजान॥

दुनिया के सारे रिश्ते-नाते स्वार्थ से बँधे पड़े हैं। जो मनुष्य निस्स्वार्थ भाव से तुम्हारा आदर-सत्कार करे, उसी को सज्जन और श्रेष्ठ समझो।

निज स्वारथ के कारनै, सेव करै संसार।
बिन स्वारथ भक्ती करै, सो भावै करतार॥

सांसारिक लोग केवल अपने स्वार्थ या भलाई के लिए ही सेवा या आदर-सत्कार करते हैं। जो आदमी निस्स्वार्थ भाव से सेवा-भक्ति करता है, भगवान् उसी से प्रसन्न होते हैं।

प्रीत रीत सब अर्थ की, परमारथ की नाहिं।
कहैं कबीर परमारथी, बिरला इस कलि माहिं॥

प्रेम पूर्ण ये सारे सांसारिक व्यवहार केवल पैसों से जुड़े हैं, परमार्थ से इनका कोई लेना-देना नहीं है। कबीर कहते हैं, इस कलियुग में कोई इक्का-दुक्का ही परमार्थी हो सकता है।

आठ पहर चौंसठ घड़ी, लागि रहे अनुराग।
हिरदै पलक न बीसरे, तब साँचा बैराग॥

आठ पहर और चौंसठ घड़ी—अर्थात् रात-दिन, सोते-जागते सतत गुरु को भजते रहो। हृदय से एक पल के लिए गुरु का नाम ओझल न हो, तभी सच्चा वैराग्य समझो।

जाके चित अनुराग है, ज्ञान मिले नर सोय।
बिन अनुराग न पावई, कोटि जतन करै कोय॥

जिसके हृदय में प्रेम की पवित्रता होती है, उसी को ज्ञान मिल सकता है। बिना प्रेम के करोड़ों यत्न कर लेने पर भी ज्ञान की प्राप्ति नहीं हो सकती।

प्रेम पंथ में पग धरै, देत न शीश डराय।
सपने मोह व्यापे नहिं, ताको जन्म नशाय॥

जो प्रेम के मार्ग पर चलना चाहता है उसे सिर कटाने के लिए हमेशा तैयार रहना चाहिए। जिसे सपने में भी मोह-माया का विचार नहीं आता, वह

जन्म-मृत्यु के बंधन से छूट जाता है।

सुख के माथे शिल परै, राम हृदय से जाय।
बलिहारी वा दुक्ख की, पल-पल राम रटाय॥

सुख में आदमी राम नाम भूल जाता है, ऐसे सुख को पत्थर से मार भगाओ। उस दुःख का मैं स्वागत करता हूँ, जो मुझे हर पल राम की याद दिलवाता रहता है।

लूटि सके तो लूटि ले, राम नाम की लूट।
फिर पाछे पछताहुगे, प्राण जाहिंगे छूट॥

राम नाम के खजाने को कोई भी लूट सकता है, अभी समय है। लेकिन जीवन समाप्त होने पर सिवा पछतावे के कुछ हाथ नहीं लगेगा, इसलिए जल्दी करें।

हरिजन तो हारा भला, जीतन दे संसार।
हारा तो हरि सों मिले, जीता जम के द्वार॥

हरि की भक्ति में लीन साधक संपत्ति की दौड़ में हार भी जाए तो कल्याणकारी है, संसार को जीत लेने दें। क्योंकि हरि-प्रेमी को हारकर भी ईश्वर मिल जाते हैं और जीतनेवाले को केवल मृत्यु मिलती है।

जैसा भोजन खाइए, तैसा ही मन होय।
जैसा पानी पीजिए, तैसी बानी होय॥

हम जैसा भोजन करते हैं वैसा ही हमारा मन बनता है और जैसा पानी पीते हैं वैसी ही वाणी बोलते हैं। अर्थात् हमारी जैसी संगति होती है वैसा ही व्यवहार बनता है।

बहते को मत बहन दो, कर गहि ऐचहु ठौर।
कह्यो-सुन्यो मानै नहीं, शब्द कहो दुइ और॥

जो बुराइयों की नदी में बहा जा रहा हो उसे हाथों का सहारा देकर निकाल लो, अर्थात् उसे बुराइयों के प्रति चेताएँ। यदि वह आपकी बात न माने तो उसे सत्य-ज्ञान के उपदेश से समझाने का प्रयास करें।

बंदे तू कर बंदगी, तो पावै दीदार।
औसर मानुष जनम का, बहुरि न बारंबार॥

हे मनुष्य! तू प्रभु की भक्ति कर। तुझे उसके दर्शन अवश्य होंगे। यह मानव देह बार-बार नहीं मिलेगी, इसलिए अवसर का लाभ उठा।

जिहि जिवरी ते जग बँधा, तू जनि बँधै कबीर।
जासी आटा लौन ज्यौं, सोन समान शरीर॥

मोह-माया की जिस रस्सी से यह जगत् जकड़ा पड़ा है, कबीर कहते हैं कि उससे तू मत बँध। जिस प्रकार बिना नमक के आटा बेस्वाद होता है, उसी प्रकार हरि-भजन के बिना कंचन समान शरीर भी कांतिहीन और निस्सार होता है।

चतुराई क्या कीजिए, जो नहिं शब्द समाय।
कोटिक गुन सूवा पढ़ै, अंत बिलाई खाय॥

इस चतुराई का क्या लाभ, जिसमें सत्य-ज्ञान की बातें ग्रहण करने की क्षमता न हो। जैसे तोते को कितनी ही ज्ञान की बातें पढ़ाओ, मौका मिलते ही बिल्ली उसे मार खाती है वैसे ही हजारों ज्ञान की बातें सुनकर भी अज्ञानी लोग जीवन व्यर्थ गँवा देते हैं।

पढ़ि-पढ़ि के पत्थर भए, लिखि भए जु ईंट।
कबीर अंतर प्रेम का, लागी नेक न छींट॥

लोग पढ़-पढ़कर पत्थर की तरह कठोर और लिख-लिखकर ईंट की तरह रूखे हो गए हैं। कबीर कहते हैं, उनके अंतर्मन में प्रेम की छींट भर भी नहीं लगी है, फिर ऐसे लोग कोमल, दयालु और निर्मल कैसे हो सकते हैं।

करता था तो क्यों रहा, अब करि क्यों पछताय।
बोवै पेड़ बबूल का, आम कहाँ ते खाय॥

तूने खूब बुरे काम किए, समझाने पर भी नहीं माना तो अब क्यों पछताता है। बबूल का पेड़ बोने पर आम कहाँ से मिल सकते हैं। अर्थात् जैसा कर्म करते हैं वैसा ही फल मिलता है।

राम नाम सुमिरन करै, सद्गुरु पद निज ध्यान।
आतम पूजा जीव दया, लहै सो मुक्ति अमान॥

जो भक्त राम नाम का सुमिरन करता है, सद्गुरु के चरणों का ध्यान करता है, अपने अंतर को पूजता है, जीवों पर दया करता है, वह अवश्य ही इस नश्वर संसार से मोक्ष पाता है।

क्यों नृपनारी निंदिए, पनिहारी को मान।
वह माँग सवारे पीव हित, नित वह सुमिरे राम॥

ज्ञानी की निंदा और भक्त स्त्री का मान क्यों किया जाता है, क्योंकि रानी अपने राजा की खुशी के लिए साज-शृंगार करती है, जबकि भक्त-स्त्री ईश्वर को प्रसन्न करने के लिए राम-नाम का सुमिरन करती है।

तीरथ न्हाए एक फल, साधु मिले फल चार।
सद्गुरु मिले अनेक फल, कहैं कबीर विचार॥

तीर्थ में नहाने से शरीर शुद्ध होता है; साधु की संगति से धर्म, अर्थ, काम और मोक्ष—ये चार फल मिलते हैं। लेकिन कबीर कहते हैं कि सद्गुरु के मिलने पर अनेक फलों की प्राप्ति होती है।

सावधान औ शीलता, सदा प्रफुल्लित गात।
निर्विकार गंभीर मत, धीरज दया बसात॥

संत पुरुष सदैव सचेत रहते हैं। वे शील, प्रसन्नता, धीरज और दया की मूर्ति होते हैं। वे निर्विकार भाव से जन-कल्याण के प्रति समर्पित होते हैं।

शीलवंत दृढ़ ज्ञान मत, अति उदार चित होय।
लज्जावान अति निछलता, कोमल हिरदा सोय॥

साधुजन विनम्र स्वभाववाले, अपने सत्य ज्ञान के प्रति दृढ़ और उदार हृदयी होते हैं। वे कोमल, निश्छल और शीलवान् होते हैं।

षड विकार यह देह के, तिनको चित्त न लाय।
शोक मोह प्यासीह छुधा, जरा मृत्यु नशि जाय॥

दुःख, मोह, प्यास, भूख, बुढ़ापा और मौत—ये शरीर के छह विकार कहे

गए हैं। लेकिन साधुजन इन दोषों से ऊपर उठकर आचरण करते हैं और इनसे जरा भी विचलित नहीं होते।

कोई आवे भाव लै, कोई अभाव ले आव।
साधु दोऊ को पोषते, भाव न गिनै अभाव॥

साधु के पास कुछ लोग श्रद्धा से आते हैं, कुछ अश्रद्धा से, लेकिन वे दोनों में कोई भेदभाव नहीं करता। वह दोनों से प्रेमभाव से मिलता है।

सो दिन गया अकाज में, संगत भई न संत।
प्रेम बिना पशु जीवना, भाव बिना भटकंत॥

संतों से सत्संग न हो, उस दिन को बेकार ही मानो। प्रेम के बिना जीवन को पशु-तुल्य समझो और भक्ति-भाव के बिना पूरा जीवन व्यर्थ समझो। अर्थात् जीवन की सार्थकता के लिए इन गुणों का होना अनिवार्य है।

आशा तजि माया तजे, मोह तजै अरु मान।
हरष शोक निंदा तजै, कहैं कबीर संत जान॥

जिसने आशा, माया, मोह और मान-अपमान को त्याग दिया हो; जो हर्ष, शोक, निंदा आदि से परे हो—कबीर कहते हैं कि ऐसा आदमी ही सच्चा संत हो सकता है।

यह कलियुग आयो अबै, साधु न मानै कोय।
कामी क्रोधी मसखरा, तिनकी पूजा होय॥

अब ऐसा काला समय आया गया है जब कामी, क्रोधी, पाखंडी और ढोंगी लोगों की पूजा हो रही है और सच्चे साधु को कोई नहीं पूछता। इसमें कल्याण नहीं है।

साधू दर्शन महाफल, कोटि यज्ञ फल लेह।
इस मंदिर को का पड़ी, नगर शुद्ध करि लेह॥

सच्चे साधु के दर्शन से करोड़ों यज्ञों का पुण्य-फल प्राप्त होता है। साधु के दर्शन से एक मंदिर तो क्या, पूरा नगर ही पुण्य से आलोकित हो जाता है।

संत मता गजराज का, चाले बंधन छोर।
जग कुत्ता पीछै फिरै, सुनै न वाका सोर॥

संतजन अपने सिद्धांत के पक्के होते हैं। जैसे हाथी मस्त चाल से चलता है, पीछे कुत्तों के भौंकने की परवाह नहीं करता, वैसे ही संत जन निंदा, आलोचना, स्तुति आदि के प्रति निर्लिप्त रहते हैं।

ऊँचे कुल कह जनमिया, करनी ऊँच न होय।
कनक कलश मद सो भरा, साधुन निंदा सोय॥

ऊँचे कुल में जन्म लेने से कोई बड़ा नहीं होता, बड़ा होता है अच्छे कर्मों से। जहाँ स्वर्ण कलश में शराब भरी जाती हो और सज्जनों की निंदा होती हो, उसे उच्चवंशी नहीं कहा जा सकता।

जीवन जोबन राज मद, अविचल रहै न कोय।
जु दिन जाय सत्संग में, जीवन का फल सोय॥

जीवन, युवावस्था और अधिकार हमेशा नहीं रहते। इन्हें तो एक न एक दिन चले ही जाना है, लेकिन जो दिन सत्संग में बीतते हैं, वे ही जीवन का वास्तविक कल्याण करते हैं।

ज्ञानी को ज्ञानी मिलै, रस की लूटम लूट।
ज्ञानी अज्ञानी मिलै, हौवे माथा कूट॥

जहाँ दो ज्ञानी मिलते हैं, वहाँ सद्ज्ञान की चर्चा से चारों ओर खुशी छा जाती है। सभी लोग ज्ञानपान से तृप्त हो जाते हैं। लेकिन जहाँ ज्ञानी और अज्ञानी मिलते हैं वहाँ तर्क-कुतर्क से वातावरण खराब हो जाता है।

चर्चा करु तब चौहटे, ज्ञान करो तब दोय।
ध्यान धरो तब एकिला, और न दूजा कोय॥

धर्म-चर्चा खुले में करो, जिससे सबका भला हो; आत्मिक ज्ञान की बात हो, तब गुरु और शिष्य हों; लेकिन ध्यान करना हो तो बिलकुल एकांत होना आवश्यक है।

कबीर या संसार की, झूठी माया-मोह।
जिहि घर जिता बधावना, तिहि घर तेता दोह॥

कबीर कहते हैं कि यह सांसारिक माया-मोह के बंधन झूठे और असार हैं। जिस घर में माया-मोह के बंधन जितने अधिक होते हैं, वहाँ उतनी ही अधिक पीड़ा और व्याधियाँ होती हैं।

माया दीपक नर पतंग, भ्रमि-भ्रमि इमे परंत।
कह कबीर गुरु ज्ञानते, एक-आध उबरंत॥

माया दीपक के समान है और मनुष्य कीट-पतंगों के समान। मनुष्य रूपी कीट-पतंगे माया रूपी दीपक पर मँडराते रहते हैं और भ्रमवश उसमें जल मरते हैं। कबीर कहते हैं सद्गुरु के सत्य-ज्ञान से कोई एक-आध विवेकी पुरुष ही इस मोहिनी माया के आकर्षण से बच पाता है।

माया छाया एक-सी, बिरला जानै कोय।
भगता के पीछे फिरै, सनमुख भाजै सोय॥

माया और छाया गुणों में एक समान हैं। इनकी सच्चाई को कोई नीर-क्षीर-विवेकी पुरुष ही जान सकता है। प्रभु-भक्त और सत्संगी पुरुष के आगे-पीछे ये खुद लगी रहती हैं और जो कोई इनके पीछे भागता है, ये उससे आगे भागती रहती हैं।

माया मुई न मन मुआ, मरि-मरि गया शरीर।
आशा तृष्णा ना मुई, यौं कथि कहैं कबीर॥

कबीर कहते हैं, न तो मोह-माया और आशा-तृष्णा से छुटकारा मिला, न मन को वश में कर सका, केवल यह शरीर ही बारंबार जनमता और मरता रहा। अर्थात् इन विकारों से पार पाए बिना मुक्ति संभव नहीं है।

मैं जानूँ हरिसूँ मिलूँ, मो मन मोटी आस।
हरि बिच डारै अंतरा, माया बड़ी पिचास॥

हरि-भजन में ही मुक्ति है, मैं भली-भाँति जानता था। इसलिए सत्संग, भजन-कीर्तन, चिंतन-मनन में लगा था। लेकिन यह माया बड़ी पिशाचनी है। यह मेरे मन को हरि-भक्ति में नहीं लगने देती।

खान खरच बहु अंतरा, मन में देखु विचार।
एक खवावै साधु को, एक मिलावै छार॥

आप यदि सोच-विचार करेंगे तो पाएँगे कि खाने और खर्च करने में बहुत अंतर है। कुछ लोग अपनी मेहनत की कमाई साधु-संतों पर खर्च करते हैं और कुछ लोग उसे अपना पेट भरने पर खर्च करके धूल में मिला देते हैं।

आँधी आई प्रेम की, ढही भरम की भीत।
माया टाटी उड़ि गई, लगी नाम सों प्रीत॥

जब प्रभु-भक्ति की आँधी आई तो भ्रम और संदेह की दीवार ढह गई तथा इस पर रखा माया का टाट उड़ गया। फलतः मन प्रभु-भक्ति में लीन हो गया।

मीठा सब कोय खात है, विष ह्वै लागै धाय।
नीम न कोई पीवसी, सबै रोग मिट जाय॥

मोह-माया और विषय-वासना स्वाद में सबको मीठे लगते हैं और सभी इनको खाना चाहते हैं, लेकिन इनका प्रभाव विष के समान होता है। और तप-साधना व प्रभु-भक्ति स्वाद में नीम के समान होते हैं। इन्हें कोई नहीं अपनाना चाहता, जिनका प्रभाव सभी रोगों को समाप्त कर देता है।

कबीर माया पापिनी, फंद ले बैठी हाट।
सब जग तो फंदै पड़ा, गया कबीरा काट॥

कबीर कहते हैं, यह माया बड़ी कुटिल पापिनी है। यह मोह-आसक्ति और विषय-वासना की स्वादिष्ट वस्तुएँ लेकर लोगों को अपने फंदे में फँसाने के लिए संसार के बाजार में बैठी है। सब अज्ञानी जन इसके फंदे में फँस जाते हैं, लेकिन जो प्रभु-भक्त होते हैं, वे उत्तम पुरुष इसकी ओर आकर्षित नहीं होते।

भूले थे संसार में, माया के सँग आय।
सद्गुरु राह बताइया, फेरि मिलै तिहि जाय॥

मोह-माया में डूबकर हम ऐसे उलझे कि अपने आप तक को भूल बैठे! सत्गुरु ने दया करके कल्याण का कार्य बताया तो हमें आत्म-बोध हुआ और हम पुनः प्रभु-भक्ति में लीन हो गए।

साधू ऐसा चाहिए, आई देइ चलाय।
दोस न लागै तासु को, शिर की टरै बलाय॥

साधु का स्वभाव ऐसा होना चाहिए कि वह प्राप्त धन-संपत्ति को पुनः धर्म-कर्म में लगा दे। इससे उसे धन लेने पर भी कोई दोष नहीं लगता और धन-संपत्ति की देखभाल की बला भी सिर से टल जाती है।

सहकामी दीपक दसा, सीखै तेल निवास।
कबीर हीरा संत जन, सहजै सदा प्रकाश॥

काम-वासना में पड़े लोग दीपक की तरह होते हैं। जैसे दीपक अपने तेल से जलता है, वैसे ही कामी लोग अपने जीवन की आधार शक्ति को जलाकर ही काम-रक्त का सेवन करते हैं। कबीर कहते हैं, संत-महात्मा हीरे के समान होते हैं, जो अपने सहज प्रकाश से लोगों को आलोकित करते रहते हैं।

ऊजड़ खेड़े टेकरी, घड़ि-घड़ि गए कुम्हार।
रावन जैसा चलि गया, लंका को सरदार॥

उजाड़ खेतों को जोतनेवाला किसान और बरतन बनानेवाले कुम्हार की क्या कहें, लंका का शक्तिशाली राजा रावण भी काल के पंजे से नहीं बच सका। इसलिए हरि-भजन में मन लगाएँ।

रात गँवाई सोय कर, दिवस गँवायो खाय।
हीरा जनम अमोल था, कौड़ी बदले जाय॥

रात सोकर गँवा दी और दिन खा-पीकर। तूने हीरे जैसा अपना अमूल्य जीवन कौड़ी के मोल बेच दिया। सोच—तूने क्या पाया? इसलिए समय का सदुपयोग करो। इसे व्यर्थ मत गँवाओ।

यह औसर चेत्यो नहीं, पसु ज्यौं पाली देह।
राम नाम जान्यो नहीं, अंत पड़े मुख खेह॥

जब मौका था तब लाभ नहीं उठाया और पशु की तरह अपने शरीर का भरण-पोषण करता रहा। राम की भक्ति से अलग रहने के कारण अब अंत समय में तुझे नरक के समान कष्ट झेलने पड़ रहे हैं।

आछे दिन पाछे गए, गुरु सों किया न हेत।
अब पछितावा क्या करै, चिड़ियाँ चुग गईं खेत॥

अच्छे दिनों को मौज-मस्ती में बिता दिया। गुरु की भक्ति से दूर रहा। अब अंत समय में पछताने का क्या लाभ ? अब तो चिड़िया खेत साफ कर चुकी हैं। अर्थात् अवसर को हाथ से खो देने के बाद वह फिर वापस नहीं आता।

आज कहै मैं काल भजुँ, काल कहै फिर काल।
आज काल के करत ही, औसर जासी चाल॥

आज तू कहता है कि मैं कल भजन करूँगा, कल आने पर उसे फिर कल पर टाल देता है। इस प्रकार, आज-कल करते-करते ही अवसर हाथ से निकल जाता है और मृत्यु आ जाती है।

क्या करिए क्या जोड़िए, थोड़े जीवन काज।
छाड़ि-छाड़ि सब जात हैं, देह गेह धन राज॥

जीवन बहुत छोटा है। समझ में नहीं आता, क्या करें और क्या न करें ? यहाँ तो सभी अपना शरीर, घर-बार, धन-दौलत और राज-पाट छोड़कर खाली हाथ जा रहे हैं। फिर मैं संग्रह के चक्र में क्यों फँसूँ ?

चेत सबेरे बावरे, फिर पाठे पछिताय।
तोको जाना दूर है, कहैं कबीर बुझाय॥

अरे नादान! जल्दी भक्ति में मन लगा ले, वरना पीछे पछताना पड़ेगा। कबीर समझाते हुए कहते हैं कि मोक्ष का मार्ग बहुत दूर है, इसलिए अभी से वहाँ जाने की तैयारी कर ले।

मूरख शब्द न मानई, धर्म न सुनै विचार।
सत्य शब्द नहिं खोजई, जावैं जम के द्वार॥

मूर्ख आदमी ज्ञान की बात नहीं सुनता, उसे धर्म-कर्म से भी कोई मतलब नहीं होता। वह सत्य की खोज भी नहीं करता। यही कारण है कि वह मरकर व्यर्थ जन्म गँवा देता है।

राजपाट धन पायके, क्यों करता अभिमान।
पड़ोसी की जो दशा, भई सो अपनी जान॥

हे मनुष्य! तू राजपाट, धन-दौलत और मान-सम्मान पाकर क्यों गर्व में डूबा जा रहा है? शीघ्र ही तेरी भी वही दशा होगी, जो तेरे पड़ोसी की हुई। अर्थात् पड़ोसी की तरह तेरे सिर पर भी यम मँडरा रहा है।

शब्द कहै सो कीजिए बहुतक गुरू लबार।
अपने-अपने लाभ को, ठौर-ठौर बटपार॥

शब्दों की सच्चाई पर विचार करके काम कीजिए, क्योंकि बक-बक करनेवाले गुरु तो बहुत हैं, जो अपनी स्वार्थ-पूर्ति के लिए गली-गली में मिल जाएँगे। इसलिए सच्चे गुरु की परख करके उसके साथ रहें।

शब्द दुराया ना दुरै, कहूँ जु ढोल बजाय।
जो जन होवै जौहरी, लेहैं सीस चढ़ाय॥

मैं घोषणा करता हूँ कि सच्चाई पर कोई परदा नहीं डाल सकता और केवल पारखी व्यक्ति ही शीश झुकाकर सच्चाई को स्वीकार कर सकता है।

शब्द उपदेश जु मैं कहूँ, जु कोय मानै संत।
कहैं कबीर विचारि के, ताहि मिलावौं कंत॥

मैं जिस सत्य-ज्ञान का उपदेश देता हूँ, उसे जो अपने हृदय में उतार ले, तो कबीरदासजी विवेकपूर्वक कहते हैं कि वह आत्म-साक्षात्कार कर सकता है। उसे सच्चा ज्ञान हो सकता है।

शब्द गुरु का शब्द है, काया का गुरु काय।
भक्ति करै नित शब्द की, सद्गुरु यौं समुझाय॥

शब्द ही शब्द की सच्चाई बताता है, इसलिए शब्द ही शब्द का गुरु है। इसी प्रकार शरीर की सच्चाई भी शरीर ही बताता है। इसलिए सद्गुरु समझाते हैं कि हमें सदा शब्द का ही भजन-कीर्तन-चिंतन और मनन करना चाहिए।

एक शब्द सुख खानि है, एक शब्द दुख रासि।
एक शब्द बंधन कटै, एक शब्द गल फाँसि॥

प्रेम भरा एक शब्द सभी सुखों की खान है, कटुता भरा एक शब्द अनेक दु:ख उत्पन्न कर देता है, सत्य ज्ञान के एक शब्द से सभी सांसारिक बंधन कट जाते हैं और मोह-माया का एक शब्द गले में फाँसी की तरह आदमी को बंधन में जकड़ लेता है।

सोई शब्द निज सार है, जो गुरु दिया बताय।
बलिहारी वा गुरुन की, सीष बियोग न जाय॥

गुरु ने जो सत्य-ज्ञान दिया है, वही जीवन का सार तत्त्व है। उस गुरु पर जीवन अर्पण है, जिसने अपने शिष्य को वह अनमोल ज्ञान सौंपा है।

यही बड़ाई शब्द की, जैसे चुंबक भाय।
बिना शब्द नहिं ऊबरै, केता करै उपाय॥

सच्चे शब्द चुंबक की तरह लोगों को अपनी ओर आकर्षित करते हैं, इनकी यही विशेषता होती है। बिना सच्चे शब्दों के किसी को मुक्ति नहीं मिलती, चाहे जितने उपाय कर लिये जाएँ।

काल फिरै सिर ऊपरै, जीवहि नजरि न आय।
कहैं कबीर गुरु शब्द गहि, जम से जीव बचाय॥

काल हमेशा जीव के सिर पर मँडराता रहता है। लेकिन अज्ञान के कारण उसे नजर नहीं आता। कबीर कहते हैं कि यदि गुरु के सत्य-ज्ञानपूर्ण शब्दों को हृदय में उतार लिया जाए तो जीव यम के भय और कष्टों से मुक्ति पा सकता है।

सेवक सेवा में रहै, सेवक कहिए सोय।
कहैं कबीर सेवा बिना, सेवक कभी न होय॥

सेवक उसी को कहा जा सकता है, जो सच्चे मन से सेवा करे। कबीर कहते हैं कि सेवाभाव के अभाव में सेवक का पद नहीं पाया जा सकता है। अर्थात् सच्चे सेवक के लिए सेवा ही मूलमंत्र है।

फल कारन सेवा करै, निशि-दिन जाँचै राम।
कहैं कबीर सेवक नहीं, चाहै चौगुन दाम॥

जो आदमी फल की आशा में दिन रात राम–राम जपता है और याचना करता रहता है, वह सेवक नहीं हो सकता। कबीर कहते हैं, वह तो खरीदार है, जो सेवा के बदले चार गुना फल पाना चाहता है।

सद्गुरु शब्द उलंघि के, जो सेवक कहुँ जाय।
जहाँ जाय तहँ काल है, कहैं कबीर समझाय॥

जो व्यक्ति सद्गुरु की बातों की अवहेलना करके उनके विपरीत काम करता है, कबीर कहते हैं कि उसका कहीं भला नहीं हो सकता। उसे हर स्थान पर दुःख–ही–दुःख झेलने पड़ते हैं।

गुरुमुख गुरु चितवत रहे, जैसे मणिहिं भुवंग।
कहैं कबीर बिसरैं नहीं, यह गुरुमुख को अंग॥

जैसे सर्प अपनी मणि को सतत देखता रहता है वैसे ही सच्चे सेवक को सतत अपने गुरु की सेवा करनी चाहिए। उसे गुरु के भावों को पढ़कर ही उसके कहने से पहले वह काम कर देना चाहिए।

कहैं कबीर गुरु प्रेम बस, क्या नियरै क्या दूर।
जाका चित जासों बसै, सो तेहि सदा हजूर॥

जो सेवक अपने गुरु से सच्चा प्रेम करता है, उसके लिए गुरु उसके निकट हों या दूर, उसे कोई फर्क नहीं पड़ता। जिसका मन अपने गुरु में बसा हो तो गुरु हमेशा उसके पास ही रहते हैं।

गुरु समरथ सिर पर खड़े, कहा कमी तोहि दास।
रिद्धि–सिद्धि सेवा करैं, मुक्ति न छाड़ै पास॥

जिसके सिर पर समर्थ गुरु का हाथ हो, उसे कोई कमी नहीं हो सकती। रिद्धि–सिद्धि उसकी सेवा करती हैं और वह निश्चित मोक्ष पाता है।

कबीर गुरु सबको चहै, गुरु को चहै न कोय।
जब लग आस शरीर की, तब लग दास न होय॥

कबीर कहते हैं कि गुरु तो सबसे समान प्रेम करते हैं, लेकिन गुरु से कोई

सच्चा प्रेम नहीं करता। जो लोग जब तक मोह-माया के चक्र में उलझे रहते हैं तब तक उन्हें सच्ची गुरु-भक्ति नहीं मिल सकती।

दासातन हिरदै नहीं, नाम धरावै दास।
पानी के पीए बिना, कैसे मिटै पियास॥

जो हृदय से किसी का दास न हो, वह अपना नाम दास रख ले तो इससे कोई लाभ नहीं। प्यास पानी पीने से ही बुझ सकती है। दास जैसा आचरण करके ही दास का पद पाया जा सकता है।

दास कहावन कठिन है, मैं दासन का दास।
अब तो ऐसा होय रहूँ, पाँव तले की घास॥

दास बनना बहुत कठिन है और उससे भी कठिन है दासों का दास बनना। कबीर कहते हैं, मैं ऐसा प्रयास करूँगा कि पाँव के नीचे की घास जैसा तुच्छ बनकर सबकी सेवा करूँगा।

काहूँ को न संतापिए, जो शिर हंता होय।
फिर-फिर वाकूँ बन्दिए, दास लच्छ है सोय॥

जिसे अपने पद, प्रतिष्ठा, मान, संस्कार, वंश आदि का अहंकार हो, उसे कभी न समझाएँ। वह नहीं समझेगा। उससे तो सज्जनता से, नम्रता से, दास भाव से विनती करें; हो सकता है, कभी उसका हृदय-परिवर्तन हो जाए।

निहकामी निरमल दशा, नित चरणों की आस।
तीरथ इच्छा ता करै, कब आवै वे दास॥

जो लोग निष्काम भाव से, निर्मलता से सदा अपने सद्गुरु के चरणों की सेवा करते हैं, वे पवित्रता की साक्षात् मूरत होते हैं। तीर्थ-स्नान भी ऐसे लोगों की आस लगाए रहते हैं कि वे उनके स्थान पर आएँ और उन्हें पवित्र करें।

भक्ति-भाव भादौ नदी, सबहि चली घहराय।
सरिता सोइ सराहिए, जेठ मास ठहराय॥

भक्ति-भाव की तुलना भादों की नदी से नहीं करनी चाहिए, क्योंकि भादों में तो सभी नदियाँ अपने उफान पर होती हैं। उसी नदी को महत्त्व देना

चाहिए जो जेठ मास में भी भरी रहे। इसी प्रकार देखा-देखी भक्ति करनेवालों की भक्ति को सच्चा नहीं कहा जा सकता।

भक्ति कठिन अति दुर्लभ, भेष सुगम नित सोय।
भक्ति जु न्यारी भेष से, यह जाने सब कोय॥

भक्त का वेश धर लेना ही भक्ति नहीं है। भक्ति पाना बहुत कठिन और दुर्लभ है। भक्ति-वेश धर लेना बिलकुल अलग चीज है, यह सब जानते हैं। अर्थात् भक्ति पाने के लिए तदनुसार आचरण भी करना पड़ता है।

भक्ति पदारथ तब मिलै, जब गुरु होय सहाय।
प्रेम प्रीति की भक्ति जो, पूरण भाग मिलाय॥

गुरु की सहायता से ही भक्ति का सच्चा सुख पाया जा सकता है। सद्गुरु ही प्रेमपूर्ण भक्ति का मार्गदर्शन कर सकते हैं।

भक्ति दुहेली गुरुन की, नहिं कायर का काम।
सीस उतारे हाथ सों, ताहि मिलै निज धाम॥

भक्ति पाना बहुत कठिन काम है। यह कायरों के वश की बात नहीं है। जो लोग अपने हाथों अपना सिर काटकर गुरु के चरणों में अर्पित कर सकते हैं, उन्हें ही सच्ची भक्ति व मोक्ष-मार्ग मिल सकता है।

भक्ति जु सीढ़ी मुक्ति की, चढ़े भक्त हरषाय।
और कोई चढ़ि सकै, निज मन समझो आय॥

भक्ति मुक्ति की सीढ़ी है, जिस पर केवल भक्तजन ही चढ़ सकते हैं। भक्ति से रिक्त लोग इस पर नहीं चढ़ सकते, यह बात ठीक से समझ लेनी चाहिए।

भक्ति गेंद चौगान की, भावै कोइ लै जाय।
कहैं कबीर कछु भेद नहिं, कहाँ रंक कहँ राय॥

भक्ति मैदान में पड़ी गेंद के समान है। जिसमें भी भक्ति-भाव हो वह इसे ले जा सकता है। कबीर कहते हैं, अमीर-गरीब, राजा-रंक जैसा कोई भेद भक्ति के साथ नहीं जुड़ा। यहाँ केवल भावना का मोल है।

भक्ति बिना नहिं निस्तरै, लाख करै जो कोय।
शब्द सनेही ह्वै रहै, घर को पहुँचे सोय॥

भक्ति के बिना कल्याण असंभव है, चाहे कोई लाख प्रयास कर ले। जो आदमी सद्‌गुरु के बताए मार्ग पर चलकर उनके अनुकूल आचरण करते हैं, वही अपने उद्‌देश्य को पा सकते हैं।

कबीर गुरु की भक्ति करु, तज विषया रस चौंज।
बार-बार नहिं पाइए, मानुष जनम की मौज॥

कबीर कहते हैं कि विषय-आसक्ति को त्यागकर गुरु की भक्ति करो, इसी में मुक्ति है। इसके लिए तुम्हें बार-बार मनुष्य जीवन नहीं मिलेगा।

देखा-देखी भक्ति का, कबहुँ न चढ़सी रंग।
विपति पड़े यों छाड़सी, केंचुलि तजत भुजंग॥

देखा-देखी की गई भक्ति पाखंड के समान है, जिससे मन को सच्ची शांति नहीं मिल सकती। संकट पड़ने पर यह भक्ति वैसे ही उतर जाती है जैसे सर्प अपनी केंचुली छोड़ देता है।

तिमिर गया रवि देखते, कुमति गई गुरु ज्ञान।
सुमति गई अति लोभते, भक्ति गई अभिमान॥

सूर्योदय होते ही अंधकार नष्ट हो जाता है, गुरु के ज्ञान के स्पर्श के साथ ही अज्ञान नष्ट हो जाता है, लोभ के जागते ही सद्‌बुद्धि का नाश हो जाता है और अभिमान आते ही भक्ति का लोप हो जाता है। अत: सद्‌भक्त को उनके प्रति सचेत रहना चाहिए।

अपना तो कोई नहीं, देखा ठोकि बजाय।
अपना-अपना क्या करै, मोह भरम लपटाय॥

मैंने जाँच-परखकर और ठोक-बजाकर देख लिया है कि इस संसार में अपना कोई नहीं है। इसलिए तुम मोह-भ्रम के जाल में फँसकर अपना-अपना क्यों रटते हो। अर्थात् सभी संबंध क्षणिक हैं, जिनको टूटना ही है।

कबीर गर्व न कीजिए, रंक न हँसिए कोय।
अजहूँ नाव समुद्र में, ना जानौं क्या होय॥

कबीर कहते हैं कि अपने धन-दौलत, मान-सम्मान और रूप-रंग का अभिमान करके निर्धनों की हँसी कदापि न उड़ाएँ, क्योंकि अभी तो तुम्हारी जीवन-नौका बीच सागर में है और पता नहीं पल भर में क्या हो जाए। अर्थात् समय बड़ा बलवान् होता है। यह पल भर में किसी को भी राजा से रंक और रंक से राजा बना देता है।

दीप कू झोला पवन है, नर को झोला नारि।
ज्ञानी झोला गर्व है, कहैं कबीर पुकारि॥

कबीर घोषणा करते हुए कहते हैं, वायु दीपक की लौ का नाश कर देती है, अर्थात् उसे बुझा देती है; स्त्री पुरुष का नाश कर देती है उसे विषय-वासना में फँसाकर और अहंकार ज्ञानी पुरुष का नाश कर देता है। अतः इनसे बचना चाहिए।

मद अभिमान न कीजिए, कहैं कबीर समुझाय।
जा सिर अहं जु संचरे, पड़ै चौरासी जाय॥

कबीर समझाते हुए कहते हैं कि इस मद-अभिमान से हमेशा दूर रहें, क्योंकि यह जिसके भी सिर चढ़कर बोलता है, वह सांसारिक चौरासी के चक्कर से चाहकर भी बाहर नहीं निकल पाता।

मान बड़ाई जगत में, कूकर की पहिचान।
प्यार किए मुख चाटई, बैर किए तन हान॥

संसार में कुत्ते की पहचान उसके स्वभाव से होती है। आप उसे प्यार करें तो वह मुँह तक चाटने लगता है और उसे दुत्कारें तो काटने दौड़ता है। अभिमानी मनुष्यों का भी स्वभाव ऐसा ही होता है। उनका सम्मान करो तो वे सिर पर चढ़ जाते हैं और उपेक्षा करो तो दुश्मन बन जाते हैं।

मान बड़ाई देखि कर, भक्ति करै संसार।
जब देखै कछु हीनता, अवगुन धरे गँवार॥

साधु-महात्माओं की प्रसिद्धि और सम्मान देखकर अधिक-से-अधिक लोग उनकी भक्ति करने लगते हैं; लेकिन फिर उनमें कोई कमी या दोष देखकर

उनसे पल्ला छुड़ाने लगते हैं, यह नहीं देखते कि पूरे निर्दोष वे भी नहीं हैं।

मान दिया मन हरषिया, अपमाने तन छीन।
कहैं कबीर तब जानिए, माया में लौ लीन॥

मान-सम्मान पाने पर अगर आपको खुशी होती हो और अपमान या बुरी बात सुनकर ठेस पहुँचती हो तो कबीर कहते हैं कि समझ लें, आप मोह-माया से ग्रस्त हैं; क्योंकि उत्तम पुरुष को मान-सम्मान, व्यथा-अपमान दुखी नहीं करते। वह तो सभी परिस्थितियों में एक समान रहता है।

माया तजी तो क्या भया, मान तजा नहिं जाय।
मान बड़े मुनिवर गले, मान सबन को खाय॥

सांसारिक स्थूल माया-धन-दौलत, स्त्री-पुत्र, सुख-साधन आदि मात्र के त्याग से मुक्ति नहीं मिलती, इसके लिए सूक्ष्म अंतर्मन के अभिमान का भी त्याग करना पड़ता है; जिसने बड़े-बड़े ऋषि-मुनि तक को लील लिया, यह मान-सम्मान किसी को नहीं छोड़ता।

काला मुख कर मान का, आदर लावो आग।
मान बड़ाई छाँड़ि के, रहौ नाम लौ लाग॥

मान-सम्मान का काला मुख कर दो और आदर-स्तुति को आग में जला दो। इस प्रकार, मान और बड़ाई को त्यागकर प्रभु-नाम में मन लगाओ, इसी में उद्धार है।

बड़े बड़ाई ना करै, बड़े न बोलै बोल।
हीरा मुख से ना कहै, लाख हमारा मोल॥

बड़े या सज्जन पुरुष अपने मुँह से अपनी बड़ाई नहीं करते, न बड़ी-बड़ी बातें बनाते हैं। हीरा अपने मुँह से नहीं कहता कि वह लाख रुपए का है। अर्थात् बड़प्पन प्रदर्शन में नहीं, पारखी स्वयं ही उन्हें परख लेते हैं।

भक्ति-भक्ति सब कोई कहै, भक्ति न जाने भेद।
पूरण भक्ति जब मिलै, कृपा करै गुरुदेव॥

भक्ति सभी लोग करना चाहते हैं, लेकिन कैसे की जाए, यह भेद कोई नहीं जानता। जब गुरु की कृपा होती है, वास्तव में पूर्ण भक्ति तभी प्राप्त हो सकती है।

यह तो घर है प्रेम का, खाला का घर नाहिं।
शीष उतारै भुइँ धरै, तब पैठे घर माँहि॥

कबीर कहते हैं, जीवन रूपी यह घर ईश्वर के प्रेम से ओत-प्रोत है। यह कोई मौसी का घर नहीं है कि इसमें मनमाने ढंग से प्रवेश पाया जा सके। जिसमें सिर कटाने का साहस हो, वही प्रेम रूपी इस घर में प्रवेश पा सकता है। अर्थात् प्रेम की भक्ति कठिनाई से मिलती है।

प्रेम न बाड़ी ऊपजै, प्रेम न हाट बिकाय।
राजा परजा जो रुचै, शीश देय लै जाय॥

प्रेम न तो खेत-खलिहान में उगता है, न हाट-बाजार में खरीदा-बेचा जाता है। जो अपना बलिदान दे सकता हो, वह चाहे राजा हो या प्रजा, अमीर हो या गरीब—इसे ले जा सकता है। अर्थात् प्रेम बेमोल है।

जो जागत सो सपन में, ज्यौं घट भीतर साँस।
जो जन जाको भावता, सो जन ताके पास॥

हमारी जिससे प्रीत होती है, वह सोते-जागते सदा हमारे पास ही रहता है, जैसे शरीर में सोते-जागते साँसों का क्रम लगातार चलता रहता है। अर्थात् प्रेमी हमेशा अपने प्रेम के निकट रहता है

सजन सनेही बहुत हैं, सुख में मिले अनेक।
बिपति पड़े दुःख बाँटिए, सो लाखन में एक॥

सुख में हमसे प्रेम करनेवाले बहुत से लोग मिल जाएँगे, लेकिन संकट आने पर हमारा दुःख बाँटनेवाला लाखों में कोई एक मिलेगा। अर्थात् सच्चे प्रेमी कठिनाई से मिलते हैं।

प्रेम पियाला सो पिए, शीश दच्छिना देय।
लोभी शीश न दे सकै, नाम प्रेम का लेय॥

सच्चा प्रेमी ही प्रेम में अपना सिर कटवाने का साहस कर सकता है। लोभी लोग केवल प्रेम-प्रेम बोल सकते हैं, सिर कटाना उनके वश की बात नहीं है।

प्रेम बिना धीरज नहीं, बिरह बिना वैराग।
सद्गुरु बिन जावै नहीं, मन मनसा का दाग॥

बिना प्रेम के धैर्य नहीं उपज सकता, बिना कामुकता के वैराग्य नहीं पनपता और बिना सद्गुरु की कृपा के मन का मैल नहीं धुल सकता।

प्रेम छिपाया ना छिपै, जा घट परगट होय।
जो पै मुख बोलै नहीं, नैन देत हैं रोय॥

प्रेम जिस शरीर में प्रकट होता है, फिर उसे छिपाया नहीं जा सकता। यदि वह मुँह से कुछ न भी बोले तो भी नेत्र प्रेम का सारा भेद खोल देते हैं।

प्रेम भाव इस चाहिए, भेष अनेक बनाय।
भावै घर में वास कर, भावै बन में जाय॥

बस हृदय में प्रेम उत्पन्न कर लो, फिर चाहे जो भी वेश बनाकर घर में गृहस्थ जीवन बिताओ या वन में संन्यास जीवन, तुम्हारा कल्याण निश्चित है।

प्रेमी ढूँढ़त मैं फिरूँ, प्रेमी मिलै न कोय।
प्रेमी सों प्रेमी मिलै, विष से अमृत होय॥

मैं प्रेमी की खोज में मारा-मारा फिरता हूँ, लेकिन प्रेमी कहीं नहीं मिलता। यदि प्रेमी से प्रेमी मिल जाए तो विष भी अमृत तुल्य हो जाए।

माँगन को भल बोलनो, चोरन को भल चूप।
माली को भल बरसनो, धोबी को भल धूप॥

भिखारी को बोलते रहना चाहिए, तभी उसे भीख मिलती है। चोरों को चुप रहना चाहिए, वरना पकड़े जाएँगे। माली के लिए वर्षा अच्छी है, ताकि बाग-बगीचों को पानी मिल सके और धोबी के लिए धूप भली, ताकि उसके कपड़े सूख सकें।

कबीर मंदिर लाख का, जड़िया हीरा लाल।
दिवस चारि का पेखना, बिनशि जाएगा काल॥

कबीर कहते हैं कि यह शरीर रूपी मंदिर लाख का बना है, जिसमें ज्ञान-गुण के हीरे और लाल जड़े हैं। लेकिन फिर भी इसकी कीमत नहीं है, यह तो बस चार दिन का खेला है, फिर इसे काल के गाल में समा जाना है।

कबीर यह संसार है, जैसा सेंमल फूल।
दिन दस के व्यवहार में, झूठे रंग न फूल॥

यह संसार सेंमल के फूल के समान है, जो खिलकर कुछ दिनों में मुरझा जाता है। इसलिए ये सभी सांसारिक व्यवहार दस दिन के हैं। इस झूठे रंग में फँसकर तुम अपना जीवन व्यर्थ मत गँवाओ।

कबीर या संसार में, घना मानुष मतिहीन।
राम नाम जाना नहीं, आए टापा दीन॥

कबीर कहते हैं कि इस संसार में मूर्ख मनुष्यों की कमी नहीं है, जो राम नाम नहीं जानते और यहाँ-वहाँ भटककर अपना जीवन व्यर्थ गँवा देते हैं।

कबीर खेत किसान का, मिरगन खाया झारि।
खेत बिचारा क्या करै, धनी करै नहिं वारि॥

कबीर कहते हैं कि किसान के खेत को हिरण चर जाएँ, इसमें बेचारे खेत का क्या दोष? किसान उसकी रक्षा में चूक करेगा तो ऐसा ही होगा। अर्थात् मनुष्य की इंद्रियाँ शरीर को दोषी बना दें तो बेचारा शरीर क्या करे? इससे रक्षा के लिए ज्ञान-भक्ति की बाड़ तो मनुष्य को ही लगानी पड़ेगी।

कबीर रसरी पाँव में, कह सोवै सुख-चैन।
साँस नगारा कूँच का, बाजत है दिन रैन॥

कबीर कहते हैं कि तुम्हारे पैरों में काल की रस्सी बँधी है, फिर भी तुम मोह-माया के बंधन में फँसकर चैन की नींद सो रहे हो। यहाँ हर आती-जाती साँस तुम्हें काल की ओर धकेल रही है, इसलिए सावधान हो जाओ और सत्कार्य कर लो।

कबीर जंत्र न बाजई, टूट गए सब तार।
जंत्र बिचारा क्या करै, चलां बजावन हार॥

कबीरदासजी कहते हैं, तार टूट गए हैं, अब यह यंत्र नहीं बजेगा। जब बजानेवाला ही चला गया तो यंत्र बेचारा क्या कर सकता है। अर्थात् जीव निकलने के बाद शरीर निष्क्रिय हो जाता है।

कबीर पानी हौज का, देखत गया बिलाय।
ऐसे ही जीव जायगा, काल जु पहुँचा आय॥

जैसे देखते-ही-देखते हौज का सारा पानी निकल जाता है और वह खाली हो जाता है, ऐसे ही काल के पहुँचते यह जीव भी शरीर से पलायन कर जाता है।

जिनके नौबत बाजती, मैंगल बंधति बारि।
एकहि गुरु के नाम बिन, गए जनम सब हारि॥

जिनके घर पर मंगलमय वाद्य-यंत्र बजते थे, हाथी द्वार पर बँधते थे, लेकिन गुरु-नाम के अभाव में उनका जीवन व्यर्थ चला गया। अर्थात् कर्म के साथ-साथ अपने गुरु, अपने प्रभु का भजन भी करते रहना चाहिए।

खोद-खाद धरती सहै, काट-कूट बनराय।
कुटिल बचन साधू सहै, और से सहा न जाय॥

धरती को कितना ही खोदो, यह चुपचाप सहन कर लेती है। पेड़ों पर कुल्हाड़ी चलाओ, ये सारे वार हँसकर सह लेते हैं। इसी प्रकार दुष्टों की कुटिल और कठोर बातें केवल साधु-संत ही सह सकते हैं, सामान्य जन में उन्हें सहने की शक्ति नहीं होती।

जिह्वा में अमृत बसै, जो कोइ जानै बोल।
विष बासुकि का ऊतरै, जिह्वा तनै हिलोल॥

शब्दों के जादूगर जीभ से भी अमृत वर्षा कर सकते हैं—ऐसी कि वासुकि सर्प का विष भी उतर जाए, वह भी शीतल और शांत हो जाए। जीभ में इतनी ताकत है कि वह दुर्जनों को भी सज्जन बना सकती है।

सहज तराजू आनि कै, सब रस देखा तौल।
सब रस माँहीं जीभ रस, जु कोय जानै बोल॥

हमने सभी प्रकार के रसों को हृदय की तराजू में तौल और परखकर देख लिया है और यह जाना है कि जीभ का रस सबसे उत्तम होता है—अगर कोई मीठा और सरल बोलना जानता हो।

मरूँ पर माँगू नहीं, अपने तन के काज।
परमारथ के कारनै, मोहि न आवै लाज॥

अपने शरीर के लिए या अपनी पूर्ति के लिए मैं माँगने से मरना बेहतर समझूँगा, लेकिन यदि परमार्थ के लिए माँगना पड़े तो मुझे कोई लज्जा, शर्म या संकोच नहीं होगा। अर्थात् परमार्थ के लिए सभी उपाय करने चाहिए।

धन रहै न जोबन रहै, रहै न गाँव न ठाँव।
कबीर जग में जस रहै, करि दे किसी का काम॥

अंत समय हम रिक्त हो जाएँगे—हमारे पास न धन रहेगा, न यौवन; न गाँव, न घर। कबीर कहते हैं कि केवल यश या अच्छे कर्म ही हमारे साथ जाते हैं, इसलिए लोगों की भलाई या कल्याण के काम में लगे रहें।

काल हमारे संग है, कस जीवन की आस।
दस दिन नाम सँभार ले, जब लग पिंजर साँस॥

मृत्यु धूप-छाँव की तरह हमारे जीवन से जुड़ी है, फिर जीवन की आशा व्यर्थ है, अर्थात् मृत्यु अटल है, इसलिए शरीर के इस पिंजर में जब तक साँस है, तब तक इन दस दिनों को प्रभु-भक्ति के चिंतन-मनन में लगा, इसी में तेरा कल्याण है।

कबीर सब सुख राम है, औरहि दुःख की रासि।
सुन-नर-मुनि अरु असुर सुर, पड़े काल की फाँसि॥

कबीर कहते हैं, संसार में सबसे बड़ा सुख राम-भजन में है, बाकी सब कर्म दुःख के भंडार हैं। यहाँ तो देव, मनुष्य, ऋषि-मुनि और राक्षस सभी कर्मानुसार मृत्यु को प्राप्त होते हैं।

यह जीव आया दूर ते, जाना है बहु दूर।
बिच के वासै बसि गया, काल रहा सिर पूर॥

अनेक योनियों को भोगकर इस जीव को मनुष्य शरीर मिला है और मुक्ति के लिए अभी न जाने कितनी और योनियों में भटकना पड़े। लेकिन यह मानव जीव मोह-माया के इस मध्य मार्ग में ऐसे उलझ गया है कि इसके सिर पर काल भी मँडराने लगा है।

काची काया मन अथिर, थिर-थिर करम करंत।
ज्यौं-ज्यौं नर निधड़क फिरै, त्यौं-त्यौं काल हसंत॥

यह शरीर तो कच्चे घड़े की तरह है, जिसमें चंचल मन का वास है। लोग शरीर की सुख-सुविधा और सुदृढ़ता के लिए तरह-तरह के इंतजाम करते हैं और सोचते हैं कि अब कोई डर नहीं रहा। यह देखकर काल उनकी मूर्खता पर हँसता है।

चहुँ दिस पाका कोट था, मंदिर नगर मझार।
खिरकी खिरकी पाहरू, गज बंधा दरबार॥

नगर के बीचोबीच मंदिर (घर) था। उसके चारों ओर पक्की चारदीवारी थी। खिड़की-खिड़की पर पहरेदार सावधान थे और घर के द्वार पर हाथी बँधा था। अर्थात् जीवन में सभी सुख थे, लेकिन फिर भी काल के हाथों नहीं बच सके।

आस-पास जोधा खड़े, सबै बजावै गाल।
मंझ महल ते ले चला, ऐसा परबल काल॥

सुरक्षा के लिए आसपास शूरवीर कतार बाँधे खड़े हैं। वे अपनी वीरता की बड़ी-बड़ी बातें कर रहे हैं। लेकिन उनके देखते-ही-देखते काल वहाँ प्रकटा और पकड़ ले चला, कोई वीर कुछ नहीं कर पाया; क्योंकि काल महावीर है।

धरती करते एक पग, समुंदर करते फाल।
हाथों परबत तौलते, ते भी खाए काल॥

जो धरती को एक पग में नाप लेते थे (वामन अवतार), सागर को

फलाँग जाते थे (हनुमानजी), हाथों में पर्वत उठा लेते थे (भगवान् श्री कृष्ण), वे भी महाबली काल से हार गए।

बालपन भोले गया और जुवा महमंत।
वृद्धपने आलस गयो, चला जरंते अंत॥

बचपन तो भोलेपन या खेलकूद में बीत गया, जवानी मोह-माया और आसक्ति में बिता दी और बुढ़ापा दुःख-तकलीफ व आलस्य में बीत गया। अब अंतिम समय में मरकर चिता में जलने के लिए चल पड़ा है। अर्थात् पूरा जीवन व्यर्थ गँवा दिया।

कबीर मन परबत भया, अब मैं पाया जान।
टाँकी लागी प्रेम की, निकसी कंचन खान॥

कबीर कहते हैं कि जाँच-परख के बाद मैं इस निष्कर्ष पर पहुँचा हूँ कि मन पर्वत की भाँति उच्च और मजबूत होता है। यदि इसमें प्रेम-भक्ति का टाँका लगा दिया जाए तो यह सोने की खान उगलने लगता है। अर्थात् मन को किसी भी दिशा में मोड़ा जा सकता है।

कबीर यह मन लालची, समझै नहीं गँवार।
भजन करन को आलसी, खाने को तैयार॥

कबीर कहते हैं कि यह मन बहुत लोभी और लंपट है। यह गँवार समझाने पर भी नहीं समझता। भजन-भक्ति में भी यह बहुत आलसी है और खाने को हमेशा तैयार रहता है।

कबीर बैरी सबल है, एक जीव रिपु पाँच।
अपने-अपने स्वाद को, बहुत नचावै नाच॥

कबीर कहते हैं कि दुश्मन बहुत ताकतवर है। एक जीव के पीछे पाँच-पाँच दुश्मन (पाँच ज्ञानेंद्रियाँ—आँख, नाक, कान, जीभ और त्वचा) पड़े हैं, जो अपना-अपना स्वाद पाने के लिए जीव को नचाते रहते हैं।

मन मुरीद संसार है, गुरु मुरीद कोय साध।
जो माने गुरु बचन को, ताका मता अगाध॥

यह सारा चराचर जगत् मन का गुलाम है। मन उन्हें जैसे हाँकता है, वे वैसे ही चलते हैं। यहाँ गुरु का आज्ञाकारी बड़ी कठिनाई से मिलता है। जो गुरु-ज्ञान के अनुसार चलता है, वह गंभीर-ज्ञानी होता है।

मन ही को परमोधिए, मन ही को उपदेस।
जो यह मन को बसि करै, सीष होय सब देस॥

पहले मन को सत्य-ज्ञान और परम सत्ता का उपदेश देकर अपने वश में करें। जब आप मन को अपने वश में कर लेंगे तो यह सारा संसार आपका शिष्य बन जाएगा।

मनुवाँ तो पंछी भया, उड़िके चला अकास।
ऊपर ही ते गिरि पड़ा, मन माया के पास॥

मन भक्ति का संकल्प करके कल्पना के आकाश में उड़ान भरने लगता है, लेकिन ज्यों ही उसे मोह-माया, विषय-वासना की वस्तुएँ दिखाई पड़ती हैं, वह ऊपर ही से उनके पास गिर पड़ता है और उसका संकल्प खंडित हो जाता है।

काया कजरी बन अहै, मन कुंजर महमंत।
अंकुस ज्ञान रतन है, फेरै साधू संत॥

यह शरीर केले के वन के समान है, जिसमें मन मस्त हाथी की तरह मुक्त विचरण करता है। संत-महात्मा लोग ज्ञान-रत्न के अंकुश से इस मन रूपी मस्त हाथी को अपने वश में करते हैं।

बिना सीस का मिरग है, चहूँ दिस चरने जाय।
बाँधि लाओ गुरुज्ञान सूँ, राखो तत्त्व लगाय॥

यह मन सिर-विहीन मृग है। यह नेत्रहीन है, इसलिए चारों दिशाओं में भटकता फिरता है। इसे गुरु के सत्य-ज्ञान से वश में करो और तत्त्व-ज्ञान या प्रभु-ज्ञान के काम में लगाओ, तभी मुक्ति मिलेगी।

अपने-अपने चोर को, सब कोय डारै मार।
मेरा चोर मुझको मिले, सरबस डारूँ वार॥

सभी लोग अपने चोर मन को मारने, प्रताड़ित करने के लिए उतावले रहते हैं, लेकिन मेरा चोर मन कहीं मुझे मिल जाए तो मैं उस पर अपना सब-कुछ न्योछावर कर दूँ और उसे अपनी मुक्ति के लिए प्रेरित करूँ।

कहत-सुनत सब दिन गए, उरझि न सुरझा मन्न।
कहैं कबीर चेता नहीं, अजहूँ पहला दिन्न॥

साधु-संगति और प्रभु-भक्ति करते हुए इतने दिन बीत गए, लेकिन मन अभी भी विषय-आसक्तियों में उलझा हुआ है। कबीर कहते हैं, यह मन अभी भी सोया हुआ है, मानो आज सत्संग में इसका पहला दिन है।

जहाँ काम तहाँ नाम नहिं, जहाँ नाम नहिं काम।
दोनों कबहू ना मिलै, रवि रजनी इक ठाम॥

जहाँ काम का वास होता है, वहाँ हरि-नाम का वास नहीं हो सकता और जहाँ हरि नाम का वास होता है, वहाँ काम नहीं ठहर सकता। ये दोनों एक स्थान पर कभी नहीं मिल सकते, जैसे सूर्य और रात्रि। सूर्य के आते ही रात भाग खड़ी होती है।

तन-मन लज्जा ना रहे, काम बान उर साल।
एक काम सब वश किए, सुर-नर-मुनि बेहाल॥

जब हृदय में काम-बाण का वार होता है तो आदमी लोक-लाज भूलकर काम के वशीभूत हो जाता है और गलत काम करने से भी नहीं चूकता। इस एक निष्ठुर काम ने किसी को नहीं छोड़ा है—देवता, मनुष्य और ऋषि-मुनि सब इसकी मार से आहत हैं।

क्रोध अगनि घर-घर बढ़ी, जलै सकल संसार।
दीन-लीन निज भक्त जो, तिनके निकट उबार॥

घर-घर में क्रोध की आग सुलग रही है। इससे सारा जगत् जल रहा है। लेकिन जो भगवान् का श्रद्धालु भक्त है, उसकी शरण लेने पर क्रोध की आग को ठंडा किया जा सकता है।

जगत माँहि धोखा घना, अहं क्रोध अरु काल।
पौरी पहुँचा मारिए, ऐसा जम का जाल॥

अहंकार, क्रोध और काल के भय से सांसारिक लोग हमेशा धोखे में पड़े रहते हैं। ये सारे दोष यम के फंदे के समान हैं। इसलिए इन्हें तो घर के द्वार पर पहुँचते ही मार देना चाहिए। अर्थात् इन दोषों को अपने पास तक नहीं फटकने देना चाहिए।

दसौं दिसा से क्रोध की, उठी अपरबल आग।
सीतल संगत साध की, तहाँ उबरिए भाग॥

कोई भी दिशा क्रोध से अछूती नहीं है। क्रोध की प्रबल अग्नि दसों दिशाओं में सुलग रही है। इनसे बचने का एक ही उपाय है—संत-महात्माओं की संगति। इसलिए कल्याण चाहते हो तो उनकी शरण लो।

यह जग कोठी काठ की, चहुँदिस लागी आग।
भीतर रहै सो जलि मुए, साधू उबरे भाग॥

यह जगत् लकड़ी के घर के समान है, जिसके चारों ओर क्रोध की आग लगी हुई है। जो इस घर के भीतर वास करता है वह तो जल मरता है और जो साधु बनकर इसे त्याग देता है, वह बच जाता है।

विषय त्याग बैराग है, समता कहिए ज्ञान।
सुखदायी सब जीव सों, यही भक्ति परमान॥

विषय-वासनाओं का त्याग वैराग्य है, सभी को समान दृष्टि से देखना समता ज्ञान है और सभी जीवों के कल्याण की कामना करना सच्ची भक्ति का प्रमाण है।

भक्ति महल बहु ऊँच है, दूरहि ते दरशाय।
जो कोई जन भक्ति करे, शोभा बरनि न जाय॥

भक्ति का महल बहुत ऊँचा होता है जो दूर से ही दिखाई दे जाता है, अर्थात् सच्चे भक्त की प्रसिद्धि जल्दी ही चारों ओर पहुँच जाती है और लोग उसके गुणों से खिंचे हुए उसकी ओर चले आते हैं। ऐसे भक्त की शोभा वर्णनातीत होती है।

मन के मते न चालिए, मन के मते अनेक।
जो मन पर असवार है, सो साधू कोय एक॥

मन बहुत चंचल होता है। इसके बहुत से मत-सिद्धांत हो सकते हैं—उन पर कभी नहीं चलना चाहिए। मन को वश में करके उसे अपने अनुसार चलानेवाला संत-महात्मा कोई इक्का-दुक्का ही होता है।

मन पाँचौं के बस पड़ा, मन के बस नहिं पाँच।
जित देखूँ तित दौं लगी, जित भाँगू तित आँच॥

यह मन पाँचों ज्ञानेंद्रियों के अधीन है और ये पाँचों मन के अधीन नहीं हैं। मैं जहाँ भी देखता हूँ, मोह-माया, विषय-वासना की आग जल रही है; जहाँ भी दौड़ता हूँ, वहाँ इनका ताप जाता है।

जब मन लागा लोभ सों, गया विषय में भोय।
कहैं कबीर विचारि के, केहि प्रकार धन होय॥

कबीरदासजी ने जाँच-परखकर निष्कर्ष निकाला है कि जब हमारा मन लोभ-लालच में फँसता है तो विषय-वासनाओं में गहरे धँसता जाता है और हर समय इस चिंतन में लगा रहता है कि कैसे अधिक धन कमाया जाए।

बहुत जतन करि कीजिए, सब फल जाय नसाय।
कबीर संचै सूम धन, अंत चोर लै जाय॥

धन का संग्रह चाहे कितने भी कष्ट सहकर किया जाए, अंत समय में उससे कोई सुफल नहीं मिलता। कबीर कहते हैं, कंजूस आदमी एक-एक पाई जोड़कर खजाना भरता है और अंत में वह वहीं छूट जाता है। वह खुद भी उसका उपयोग नहीं कर पाता।

जहँ लगि सब संसार है, मिरग सबन को मोह।
सुर-नर-नाग पताल अरु, ऋषि-मुनिवर सब जोह॥

जहाँ तक यह संसार फैला है, मोह-माया का मृग सबको मोहित किए है। देवता, मनुष्य, नाग, ऋषि, मुनि और अन्य लोकों के निवासी, सभी मोह की माया से ग्रसित हैं।

सुर-नर-मुनि सब फँसे, मृग त्रिस्ना जग मोह।
मोह रूप संसार है, गिरे मोह निधि जोह॥

देवता, मनुष्य और ऋषि-मुनि सब मोह के वशीभूत हैं। संसार में मोह मृगतृष्णा के समान है। यह पूरा संसार मोह रूपी है और सभी लोग इस मोह-सागर में तैर रहे हैं। अर्थात् सब मोह के दास हैं।

काहु जुगति ना जानिया, किहि बिधि बचै सुखेत।
नहिं बंदगी नहिं दीनता, नहीं साधु सँग हेत॥

मोह से इस जीवन रूपी खेत को कैसे बचाया जाए, कोई उपाय नहीं सूझ रहा। क्योंकि न प्रभु-भक्ति आती है, न सेवा-भाव की समझ है और न ही सत्संग में रुचि है। इस प्रकार पूरा जीवन मोह के वशीभूत है।

□

9

कबीर के पद

पानी में मीन प्यासी

पानी में मीन प्यासी, मोहि सुन-सुन आवे हाँसी।
आतम ज्ञान बिना नर भटके, कोई मथुरा कोई काशी।
मिरगा नाभि बसे कस्तूरी, बन-बन फिरत उदासी।
जल बिच कमल कमल बिच कलियाँ, तापर भँवर निवासी।
सो मन बस त्रैलोक्य भयो है, यती सती संन्यासी।
है हाजिर तेहि दूर बतावें, दूर की बात निरासी।
कहै कबीर सुनो भई साधो, गुरु बिन भरम न जासी॥

भाव—ज्ञान पाने के लिए लोग यहाँ-वहाँ भागते फिरते हैं, जबकि ज्ञान सबके अंतर में है और सद्‌गुरु ही उस सत्य ज्ञान का प्रकटन कर सकते हैं।

झीनी चदरिया

झीनी-झीनी बीनी चदरिया।
काहे कै ताना काहे कै भरनी,
कौन तार से बीनी चदरिया।
इड़ा पिंगला ताना भरनी,
सुखमन तार से बीनी चदरिया।
आठ कँवल दल चरखा डोलै,

पाँच तत्त्व गुन तीनी चदरिया।
साँ को सियत मास दस लागे,
ठोंक-ठोंक कै बीनी चदरिया।
सो चादर सुर-नर-मुनि ओढ़ी,
ओढ़ि कै मैली कीनी चदरिया।
दास कबीर जतन करि ओढ़ी,
ज्यों-की-त्यों धर दीनी चदरिया॥

भाव—शरीर रूपी चादर विकारों से मैली हो गई है। इसलिए इस चादर को भजन रूपी साबुन से सदा धोते रहो, ताकि इस पर विकारों का मैल न चढ़े। जैसे कबीर ने सद्‌गुरु के सत्य-ज्ञान को जीवन में उतारकर शरीर को जरा भी विकारग्रस्त नहीं किया और इस चादर को ज्यों-का-त्यों प्रभु-चरणों में अर्पित कर दिया।

चादर झीनी हो गई

चादर झीनी हो गई, ये ते सदा राम रंग भीनी चदरिया।
अष्ट कमल दल चरखा चाले, पाँच तत्त्व गुण तीनी।
कर्म की पूनी कातन बैठी, कुकुरी सुरति महीनी।
श्वास के तार सँभाल के कातो, नौ मन प्रकृति प्रबीनी।
सोले सूत जुगति से जग की, रचना रची नवीनी।
इड़ा पिंगला ताना कीनो सुषमन भरनी दीनी।
नव-दश मास बुनन को लागे, ठोंक-ठोंक की बीनी।
लै चादर सुर-नर-मुनि ओढ़ी, ओढ़ि के मैली कीनी।
साहेब कबीर जुगति से ओढ़ी, ज्यों-की-त्यों धर दीनी।

भाव—जीवन रूपी चादर को सभी लोगों ने विषयों के फेर में मैला कर लिया है। कबीर ने हरि-भक्ति से उसे अंत तक उजला रखा और प्रभु को ज्यों-का-त्यों सौंप दिया। अत: चेतन रहें, इस चादर को मैली न होने दें।

बीत गए दिन

बीत गए दिन भजन बिना रे,
भजन बिना रे, भजन बिना रे।

बाल अवस्था खेल गँवायो,
जब यौवन तब मान घना रे।
जाहे कारण मूल गँवायो,
अजहुँ न गई तन की तृष्णा रे।
कहत कबीर सुनो भई साधो,
पार उतर गए संत जना रे॥

भाव—जीवन को बचपन में खेल-कूदकर और जवानी में अहंकार में गुजार दिया। इस प्रकार, जिस मुख्य काम के लिए शरीर मिला था, वह अधूरा रह गया और जीवन व्यर्थ गँवा दिया। कबीर कहते हैं, संतजन ऐसा नहीं करते, इसलिए मोक्ष पाते हैं।

मन लाग्यो मेरो

मन लाग्यो मेरो यार फकीरी में।
भला-बुरा सब का सुन लीजै,
कर गुजरान गरीबी में।
मन लाग्यो मेरो यार फकीरी में॥
आखिर यह तन छार मिलेगा,
कहाँ फिरत मग़रूरी में।
मन लाग्यो मेरो यार फकीरी में॥
प्रेम नगर में रहनी हमारी,
साहिब मिले सबूरी में।
मन लाग्यो मेरो यार फ़कीरी में॥
कहत कबीर सुनो भई साधो,
साहिब मिले सबूरी में।
मन लाग्यो मेरो यार फकीरी में॥

भाव—यह शरीर अंत में जलकर राख हो जाता है, इसलिए गर्व छोड़कर प्रभु-भक्ति करो, उसी में कल्याण है।

नैया पड़ी मँझधार

नैया पड़ी मँझधार गुरु बिन कैसे लागे पार।
साहिब तुम मत भूलियो लाख लो भूलग जाए॥
हम-से तुमरे और हैं तुम-सा हमरा नाहिं।
अंतरयामी एक तुम आतम के आधार॥
जो तुम छोड़ो हाथ प्रभुजी, कौन उतारे पार।
गुरु बिन कैसे लागे पार॥
मैं अपराधी जनम को मन में भरा विकार।
तुम दाता दुःख भंजन मेरी करो सम्हार॥
अवगुन दास कबीर के बहुत गरीब निवाज़।
जो मैं पूत कपूत हूँ कहौं पिता की लाज॥
गुरु बिन कैसे लागे पार॥

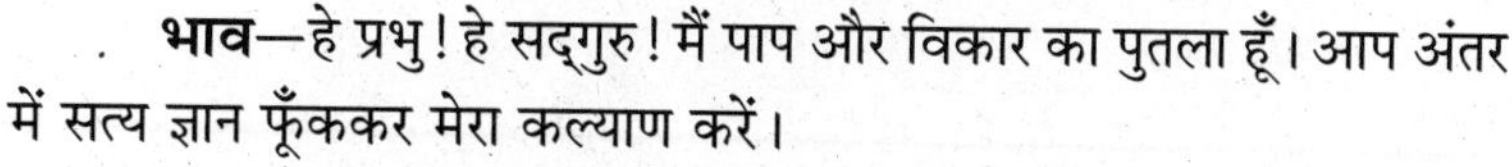

भाव—हे प्रभु! हे सद्गुरु! मैं पाप और विकार का पुतला हूँ। आप अंतर में सत्य ज्ञान फूँककर मेरा कल्याण करें।

हमन है इश्क मस्ताना

हमन है इश्क मस्ताना, हमन को होशियारी क्या?
रहें आजाद या जग से, हमन दुनिया से यारी क्या?
जो बिछुड़े हैं पियारे से, भटकते दर-ब-दर फिरते,
हमारा यार है हम में हमन को इंतजारी क्या?
खलक सब नाम जपने को, बहुत कर सिर पटकता है,
हमन गुरनाम साँचा है, हमन दुनिया से यारी क्या?
न पल बिछुड़े पिया हमसे, न हम बिछड़े पियारे से,
उन्हीं से नेह लागी है, हमन को बेकरारी क्या?
कबीरा इश्क का मारा, दुई को दूर कर दिल से,
जो चलना राह नाजुक है, हमन सिर बोझ भारी क्या?

भाव—मेरे हृदय में गुरु ज्ञान का सच्चा दीपक आलोकित है, इसलिए जीवन में कोई भटकाव नहीं है, कोई बोझ नहीं है। मन निश्चल प्रभु-भक्ति में लीन है।

रहना नहीं देस बिराना

रहना नहीं देस बिराना है।
यह संसार कागद की पुड़िया, बूँद पड़े घुल जाना है।
यह संसार काँट की बाड़ी, उलझ-पुलझ मरि जाना है।
यह संसार झाड़ और झाँखर, आग लगे बरि जाना है।
कहत कबीर सुनो भाई साधो, सद्‌गुरु नाम ठिकाना है।

भाव—यह संसार मिट्टी के ढेले के समान क्षण-भंगुर है। एक सद्‌गुरु का नाम ही सच्चा है। उन्हीं में मन लगा। इसी में कल्याण है।

मोको कहाँ ढूँढ़े बंदे

मोको कहाँ ढूँढ़े बंदे, मैं तो तेरे पास में।
ना तीरथ में ना मूरत में, ना एकांत निवास में।
ना मंदिर में ना मसजिद में, ना काशी कैलास में।
ना मैं जप में ना मैं तप में, ना मैं व्रत-उपवास में।
ना मैं क्रिया-कर्म में रहता, ना ही योग-संन्यास में।
ना ही प्राण में ना ही पिंड में, ना ब्रह्मांड अकाश में।
ना मैं भृकुटी भँवर गुफा में, सब श्वासन की श्वास में।
खोजी होय तुरत मिल जाऊँ इक पल की तलाश में।
कहैं कबीर सुनो भई साधो, मैं तो हूँ विश्वास में।

भाव—प्रभु को अपने अंदर ढूँढ़ो। संसार और सांसारिक क्रियाओं में वे नहीं मिलेंगे। जो सच्चे मन से उन्हें ढूँढ़ेगा, वे उन्हें सहज में मिल जाएँगे।

मोको कहाँ ढूँढ़े तू बंदे

मोको कहाँ ढूँढे तू बंदे मैं तो तेरे पास में।
ना मैं बकरी ना मैं भेड़ी, ना मैं छुरी गँड़ास में॥
ना ही खाल में ना ही पूँछ में ना हड्डी ना मांस में।
ना मैं देवल ना मैं मसजिद ना काबे कैलास में।
ना तो कोनी क्रिया-कर्म में ना ही जोग-बैराग में।
खोजी होय तुरंतै मिलिहौं, पल भर की तलास में॥

मैं तो रहौं सहर के बाहर, मेरी पुरी मवास में।
कहै कबीर सुनो भाई साधो, सब साँसों की साँस में॥

भाव—प्रभु को यहाँ-वहाँ नहीं अपने अंदर ही ढूँढ़ो।

बहुरि नहिं आवना

बहुरि नहिं आवना या देस।
जो जो गए बहुरि नहिं आए, पठवत नाहिं सेस॥
सुर नर मुनि अरु पीर औलिया, देवी देव गनेस।
धरि-धरि जनम सबै भरमे हैं ब्रह्मा-विष्णु-महेस॥
जोगी जंगम औ, संन्यासी, दीगंबर दरवेस।
युंडित, मुंडित पंडित लोई, सरग रसातल सेस॥
ज्ञानी,गुनी चतुर अरु कविता, राजा-रंक नरेस।
कोई राम कोई रहिम बखानै, कोई कहै आदेस॥
नाना भेष बनाय सबै मिलि ढूँढ़ि फिरें चहुँ देस।
कहै कबीर अंत ना पैहो, बिन सद्गुरु उपदेश॥

भाव—संसार में जीवन-मृत्यु का चक्र सदियों से चल रहा है। प्रभु की लीला ने सभी को मोह-माया में फँसा रखा है, इसलिए यह सिलसिला झकता नहीं है। जो सद्गुरु की सच्ची भक्ति करता है, केवल वही जीवन-मृत्यु से मुक्ति पाता है।

रे दिल गाफिल

रे दिल गाफिल गफलत मत कर,
एक दिना जम आवेगा।
सौदा करने या जग आया,
पूँजी लाया, मूल गँवाया।
प्रेमनगर का अंत न पाया,
ज्यों आया त्यों जावेगा।
सुन मेरे साजन, सुन मेरे मीता,
या जीवन में क्या-क्या कीता।
सिर पाहन का बोझा लीता,

आगे कौन छुड़ावेगा।
परलि पार तेरा मीता खड़िया,
उस मिलने का ध्यान न धरिया।
टूटी नाव उपर जा बैठा,
गाफिल गोता खावेगा।
दास कबीर कहै समुझाई,
अंत समय तेरा कौन सहाई।
चला अकेला संग न कोई,
कीया अपना पावेगा॥

भाव—मृत्यु शाश्वत है। कर्मों के अनुसार फल मिलता है, इसलिए मोह-माया को छोड़कर सत्य ज्ञान की तलाश करें, उसी में कल्याण है।

राम बिनु तन ताप न जाई

राम बिनु तन ताप न जाई।
जल में अगन रही अधिकाई,
राम बिनु तन ताप न जाई।
तुम जलनिधि में जलकर मीना,
जल में रहहि जलहि बिनु जीना।
राम बिनु तन ताप न जाइ।
तुम पिंजरा मैं सुवना तोरा।
दरसन देहु भाग बड़ मोरा॥
राम बिनु तन ताप न जाई।
तुम सद्‌गुरु मैं प्रीतम चेला।
कहै कबीर राम रमूँ अकेला॥
राम बिनु तन ताप न जाई।

भाव—राम नाम के सत्य-स्मरण से भौतिक और दैहिक सभी दुःख दूर होते हैं। उन्हीं की सच्ची भक्ति करें।

सब जग अंधा

केहि समुझावौ सब जग अंधा।
इक दुइ होयँ उन्हैं समुझावौं।
सबहि भुलाने पेट के धंधा॥
पानी घोड़ पवन असवरवा।
ढरहि परै जस ओसक बुंदा॥
गहिरी नदी अगम बहै धरवा।
खेवन-हार के पड़िगा फंदा॥
घर की वस्तु नजर नहि आवत।
दियना बारिके ढूँढ़त अंधा॥
लागी आगि सबै बन जरिगा।
बिन गुरुजान भटकिगा बंदा॥
कहै कबीर सुनो भाई साधो।
जाय लिंगोटी झारि के बंदा॥

भाव—सारे सुख भोगकर आदमी दुनिया से खाली हाथ जाता है, फिर भी अंधा होकर सुखों के पीछे लगा रहता है। मृत्यु के आने पर चारों और अँधेरा छा जाता है और मरकर फिर कर्मानुसार जीव-योनि मिलती है। इस जीवन-चक्र से छुटकारा केवल सद्गुरु की भक्ति से ही मिल सकता है।

राम गोविंद हरि भजो

राम गोविंद हरि भजो
भजो रे भैया राम गोविंद हरि।
राम गोविंद हरि, भजो रे भैया राम गोविंद हरि॥
जप-तप साधन नहिं कछु लागत, खरचत नहिं गठरी,
संतत संपत सुख के कारन, जासे भूल परी।
कहत कबीर राम नहीं जा मुख, ता मुख धूल भरी।
भजो रे भैया राम गोविंद हरि॥

भाव—राम नाम जपने में पैसा खर्च नहीं होता और सहज ही मुक्ति-मार्ग मिल जाता है। जो राम नाम नहीं भजता, दु:ख पाता है।

भजन बिना दुःख पैहौ

दिवाने मन, भजन बिना दुःख पैहो।
पहिला जनम भूत का पैहो, सात जनम पछितैहौ।
काँटा पर का पानी पैहो, प्यासन ही मरि जैहो॥
दूजा जनम सुवा का पैहो, बाग बसेरा लैहो।
टूटे पंख मँडराने अधफड़ प्रान गँवैहो॥
बाजीगर के बानर होइहौ, लकड़िन नाच नचैहो।
ऊँच नीच से हाथ पसरिहौ, माँगे भीख न पैहो॥
तेली के घर बैला होइहो, आखिन ढाँपि ढँपैहौ।
कोस पचास घरै माँ चलिहो, बाहर होन न पैहो।।
पाँचवा जनम ऊँट का पैहौ, बिन तोलन बोझ लदैहो।
बैठे से तो उठन न पैहो, खुरच-खुरच मरि जैहो॥
धोबी घर गदहा होइहो, कटी घास नहिं पैहौ।
लदी लादि आपु चढ़ि बैठे, लै घाटे पहुँचैहो॥
पंछिन माँ तो कौवा होइहौ, करर-करर गुहरैहो।
उड़ि के जाय बैठि मैले थल, गहिरे चोंच लगैहो॥
सतनाम की हेर न करिहौ, मन-ही-मन पछितैहो।
कहै कबीर सुनो भै साधो, नरक नसेनी पैहो॥

भाव—प्रभु-भक्ति के अभाव में लोगों को पशु-पक्षी, भूत-प्रेत आदि के न जाने कितने जन्म लेने पड़ते हैं, इसलिए मोह-माया को छोड़कर प्रभु-भक्ति में मन लगाएँ।

साहब है रँगरेज

साहब है रँगरेज चुनरी मोरी रँग डारी।
स्याही रंग छुड़ाय के रे,
दियो मजीठा रंग
धोए से छूटे नहीं रे,
दिन-दिन होत सुरंग।
भाव के कूँड़ी नेह के जल में,
प्रेम रंग देई बोर

दु:ख देह मैल लुटाय दे रे,
खूब रँगी झकझोर।
साहब ने चुनरी रंगी रे,
प्रीतम चतुर सुजान।
सबकुछ उन पर वार दूँ रे,
तन-मन-धन और प्रान।
कहत कबीर रँगरेज पियारे,
मुझ पर हुए दयाल
सीतल चुनरी ओढ़िके रे,
भई हौ मगन निहाल।

भाव—कबीर पर प्रभु-भक्ति का ऐसा रंग चढ़ा है कि बाकी सारे दुनियावी रंग फीके हैं। प्रभु जिस पर दयालु होता है, उसी पर भक्ति का ऐसा रंग चढ़ाता है।

साधो, ये मुरदों का गाँव

साधो, ये मुरदों का गाँव।
पीर मरे पैगंबर मरिहैं, मरिहैं जिंदा जोगी।
राजा मरिहैं परजा मरि है, मरिहैं बैद और रोगी।
चंदा मरिहै सूरज मरिहै, मरिहै धरणी अकासा।
चौदाँ भुवन के चौधरी मरिहैं, इन्हँ की का आसा।
नौहूँ मरिहैं दसहूँ मरिहै, मरिहैं सहज अठासी।
तैंतीस कोटि देवता मरिहैं, बड़ी काल की बाज़ी।
नाम अनाम अनंत रहत है, दूजा तत्त्व न होई।
कहे कबीर सुनो भाई साधो, भटक मरो मत कोई।

भाव—यह संसार नाशवान् है। यहाँ मनुष्य, देवता और प्रकृति सभी नश्वर हैं। केवल परमात्मा का नाम ही सत्य और शाश्वत है। इसलिए भटकाव छोड़कर परब्रह्म को भजो।

कब भजिहौ सतनाम

कब भजिहौ सत्यनाम सो मेरे मन। कब भजिहौ सतनाम।
बालापन सब खेल गमायो, जवानी में व्याप्यो काम।

वृद्ध भए तन काँपन लागे, लटकन लाग्यो चाम।
लाठी टेकी चलत मारग में, सहज जात नाहिं घाम।
कानन बहिर नयन नहीं सूझे, दाँत भए बेकाम।
घर की नारि विमुख होय बैठी, पुत्र करत बदनाम।
बरबरात है विरथा बूढ़ा, अटपट आठो याम।
खटिया से भुँइया करि देहैं, छुटि जैहै धन धाम।
कहैं कबीर काह तब करिहौ, परिहैं यम से काम।

भाव—सारी उम्र विषय-वासना में बिता दी। वृद्धावस्था में शरीर कमजोर है। ऐसे में मुझ पर कब प्रभु दया करेंगे? अब तो केवल उन्हीं का सहारा है।

बोले काया में सुगनवा

बोले काया में सुगनवा, बनके लहरी।
पाँच तत्त्व के पिंजरा वाके तामें सुगना बोले।
कभी-कभी मस्ती में आके दिले के जौहर खोले॥
डोले संध्या और बिहनवा… ॥
पाँच तत्त्व के पिंजरा वाके तामें दस दरवाजा।
मध्य भाग में लगा के आसन बैठे बन के राजा॥
झूले प्रेम के झूलनवा… ॥
अपनी सेवा के खातिर में, राखी नव पटरानी।
सब रानिन से बात करत है, आप भरे हुँकारी॥
माने उनहूँ के कहनवा… ॥
कहै कबीर जा दिन सुगना पिंजड़े से उड़ जैहैं।
यमराजा के हाथ में पड़कर अँसुवन से मुख धोइ हैं॥
रोके पड़िहैं मौत जखनवा… ॥

भाव—इस जीवन का कोई भरोसा नहीं है। जीव के निकलते ही यह शरीर मिट्टी तुल्य हो जाएगा। इसलिए सांसारिक सुखों का पीछा छोड़ो और प्रभु-भक्ति में मन लगाओ। उसी में कल्याण है।

घूँघट के पट खोल

घूँघट के पट खोल रे तोको पिया मिलेंगे।
घट-घट में वह साईं रमता,
कटुक वचन मत बोल रे।
धन-यौवन का गर्व न कीजै।
झूठा पचरँग चोल रे।
शून्य महल में दियना बारिले,
आसन से मत डोल रे।
योग जुगति से रंग महल में,
पिय पायो अनमोल रे।
कहैं कबीर आनंद भयो है,
बाजत अनहद ढोल रे।

भाव—माया-मोह, अज्ञान, विषय-वासना आदि के आवरण को उतार फेंकें। अपने अंतर्मन में झाँकें, ईश्वर का वास है। विकारों को छोड़कर ही आप अपने अंतर में स्थित प्रभु का साक्षात्कार कर सकते हैं।

करम गति टारे नाहिं टरी

करम गति टारे नाहिं टरी।
गुरु वसिष्ठ महामुनि ज्ञानी, सोधि के लगन धरी।
सीता-हरण मरण दशरथ को, वन-वन बिपति परी।
कहाँ वे राहु कहाँ वे रवि, शशि आन सँयोग परी।
सतवादी हरिश्चंद्र राजा, नीच घर नीर भरी।
दुर्वासा ऋषि श्राप दियो है, जदुकुल नाश करी।
पांडव के हरि सदा सहायक, उनहुँन वन विचरी।
तीनो लोक करमगति के वश, जीव से काह सरी।
कहहिं कबीर सुनो हो संतो, भटकी भूल भरी॥

भाव—भाग्य में जो लिखा होता है, वह होकर रहता है। छोटे-बड़ों सबको भाग्य के अनुसार फल मिलता है। राम वनवास, हरिश्चंद्र परीक्षा आदि ऐसे उदाहरणों से इतिहास भरा पड़ा है। कबीर कहते हैं, जीवन में बहुत भटकाव है, इसलिए प्रभु-भजन में मन लगाएँ। उसी में कल्याण है।

मन मस्त हुआ

मन मस्त हुआ तब क्यों बोले।
हीरा पायो गाँठ गठियाओ,
बार-बार वाको क्यों खोले।
हलुकी थी, तब चढ़ी तराजू,
पूरी भई तब क्यों तोले।
हंसा पाए मानसरोवर,
ताल-तलैया क्यों डोले।
तेरा साहेब है घट माहीं,
बाहर नैना क्यों खोले।
कहैं कबीर सुनो भई साधो,
साहिब मिल गए तिल आले।

भाव—सबके प्रभु उनके अंतर्मन में बसे हैं। उन्हें यहाँ-वहाँ खोजने के बजाय वहीं खोजें।

प्यारे प्रपंच में

प्यारे प्रपंच में तो दिन रात-तुम गुजारो।
मानुष का तन ये पाके, कुछ तो जरा विचारो।
दो दिन का ले बसेरा, करते हो मेरा मेरा।
सब छोड़ अपना डेरा, खाली गए हजारों।
आशा की पाश पागे, तृष्णा के पीछे लागे।
फिरते हो क्यों अभागे, संतोष दिल में धारो।
देवेगा सोई पावे, और कुछ न काम आवे।
एक धर्म साथ जावे, यह बात मत बिसारो।
कहत कबीर ज्ञानी, संसार है ये फानी।
तज अपनी सब नदानी, ममता औ मद को मारो।

भाव—सांसारिक झूठे सुखों में जीवन बेकार कर दिया । अब अंतिम वेला है। चेतो और प्रभु चरणों में स्वयं को अर्पण करके जीवन को सार्थक करो।

मन फूला-फूला फिरे

मन फूला-फूला फिरे जगत् में, कैसा नाता रे।
माता कहै यह पुत्र हमारा, बहन कहे बीर मेरा।
भाई कहै यह भुजा हमारी, नारि कहे नर मेरा।
पैर पकरि के माता रोवे, बाँह पकरि के भाई।
लपटि-झपटि के तिरिया रोवे, हंस अकेला जाई।
चार कोने आग लगाया, फूँक दिया जस होरी।
हाड़ जरे जस लाकड़ी, केस जरे जस घासा।
सोना ऐसी काया जरि गई, कोइ न आयो पासा।
कहे कबीर सुनो भई साधु, एक नाम की आसा।

भाव-सांसारिक बंधन झूठे और क्षणिक हैं। धन-दौलत के मोह में जो जीवन व्यर्थ गँवा देता है, वह अंत समय पछताता है। इसलिए जीवन को प्रभु-भक्ति में लगाओ।

मोरी चुनरी में

मोरी चुनरी में परि गया दाग पिया।
पंच तत्त्व की बनी चुनरिया, सोरह सो बंद लागे जिया।
यह चुनरी मोरे मैंके ते आई, ससुरे में मनवा खोय दिया।
मलि-मलि दाग न छूटे, ज्ञान के साबुन लाय पिया।
कहत कबीरा दाग तग छुटिहै, जब साहब अपनाय लिया।

भाव—सद्गुरु के सत्ज्ञान के बिना जीवन दागदार अर्थात् मोह-माया में फँस जाता है। केवल सद्गुरु ही इस स्थिति से उबार सकते हैं, इसलिए उन्हीं की शरण लो।

जो खुदाय मसजिद

जो खुदाय मसजिद वसतु है और मुलुक केहि केरा।
तीरथ-मूरत राम निवासी बाहर करे को हेरा।
पूरब दिशा हरी को बासा, पश्चिम अलह मुकामा।
दिल में खोज दिलहि में खोजो, इहै करीमा-रामा।

जेते और मरद उपानी सो सब रूप तुम्हारा।
कबीरा पोंगरा अलह राम का सो गुरु पीर हमारा।

भाव—प्रभु मंदिर, मसजिद और स्थान-स्थान पर ढूँढ़ने से नहीं मिलेंगे। उनका निवास अंतर्मन में है, उन्हें वहीं खोजें।

उमरिया धोखे में

उमरिया धोखे में खोय दियो रे, धोखे में खोय दियो रे।
पाँच बरस का भोला-भाला, बीस में जवान भयो।
तीस बरस में माया के कारण, देश-विदेश गयो।
चालिस बरस अंत अब लागे, बाढ़ै मोह गयो।

धन-धाम पुत्र के कारण निस दिन सोच भयो॥
बरस पचास कमर भई टेढ़ी, सोचत खाट पर्‌यो।
लड़का बहुरी बोलन लागे, बूढ़ा मर न गयो॥
बरस साठ-सत्तर के भीतर, केश सफेद भयो।
वात-पित्त-कफ घेर लियो है, नैनन नीर बहो।
न हरि-भक्ति न साधो की संगत, न शुभ कर्म कियो।
कहै कबीर सुनो भई साधो, चोला छूट गयो॥

भाव—सारी उम्र मोह-माया में बिता दी। बुढ़ापे में अनेक रोगों ने घेर लिया। अब तो हे प्रभु! आप ही का सहारा है। मुझ पर कृपा करें।

कुछ लेना ना देना

कुछ लेना ना देना मगन रहना।
पाँच तत्त्व का बना है पिंजरा।
इनमें बोले दिन-रात मैना।
गहरी नदिया नाव पुरानी,
खेवटिया से मिले न रहना॥
तेरा साहिब है तेरे में,
अँखियाँ खोल देखो नयना।

कहत कबीर सुनो भई साधू,
गुरु चरणों में लिपटे रहना॥

भाव—संसार से दूर रहकर गुरु-चरणों की सच्ची भक्ति करो। वहीं सच्चा सुख है। गुरु-भक्ति ही जीवन-मृत्यु के चक्र से छुटकारा दिलवाकर उद्धार करती है।

□□□